CONGYI XIANCONGFA
YANYI RENYUAN
BUKE BUZHI
DE
FALÜ ZHISHI

从艺先从法

演艺人员不可不知的法律知识

主　编｜曹寅　刘波

执行主编｜王平久　王国伟

中国法制出版社

CHINA LEGAL PUBLISHING HOUSE

目 录

第一章 宪法及相关法

1. 宪法规定的公民基本权利主要有哪些？ …………………… 3
2. 宪法规定的公民基本义务主要有哪些？ …………………… 6
3. 使用国旗及其图案时，应当注意哪些问题？ ……………… 8
4. 奏唱国歌时，应当注意哪些问题？ ………………………… 11
5. 使用国徽及其图案时，应当注意哪些问题？ ……………… 14
6. 侮辱国旗、国歌、国徽，要承担什么法律责任？ ………… 17

第二章 人格权保护

7. 演艺人员享有哪些人格权？ ………………………………… 21
8. 哪些行为构成对演艺人员隐私权的侵害？ ………………… 22
9. 新闻报道时，可以使用演艺人员的姓名等个人信息吗？ ……………………………………………………… 24
10. 演艺人员的艺名和网名受法律保护吗？ …………………… 25
11. 哪些行为构成对演艺人员名誉权的侵害？ ………………… 26

12. 新闻报道和舆论监督与演艺人员名誉权冲突了怎么办？ ………… 28

13. 演艺人员的名誉权受到侵害，应当如何维权？ ………… 30

14. 哪些行为构成对演艺人员肖像权的侵害？ ………… 34

15. 公开发表的文学、艺术作品涉及演艺人员的，会侵犯其名誉权吗？ ………… 36

第三章　知识产权保护

16. 演艺人员的姓名等相关信息可以申请注册商标吗？ …… 41

17. 涉及演艺人员个人信息的商标被恶意"抢注"，应当如何维权？ ………… 43

18. 演艺人员使用他人作品演出，如何避免侵权？ ………… 45

19. 演艺人员表演时享有哪些权利？ ………… 47

20. 共同创作的歌曲、剧本等作品，如何确定著作权的归属？ ………… 49

21. 共同创作的作品，著作权应当如何行使？ ………… 50

22. 擅自将共同创作的作品以自己的名义发表的，将承担什么法律后果？ ………… 52

23. 演艺人员翻唱他人的歌曲如何避免侵权？ ………… 54

第四章　广告宣传

24. 演艺人员进行广告代言时应当注意什么？ ………… 59

25. 广告中不得出现哪些内容？……………………………… 62

26. 演艺人员代言虚假广告可能会有哪些法律后果？……… 64

27. 演艺人员在涉及英雄烈士形象的场合，应当注意什么？………………………………………………………… 66

28. 演艺活动中涉及国家统一和领土完整问题时，应当注意什么？………………………………………………… 68

29. 演艺人员在涉及民族问题时，应当注意什么？………… 70

30. 演艺人员在涉及宗教问题时，应当注意什么？………… 72

第五章　公共安全

31. 演出场所如何保障消防安全？…………………………… 77

32. 演出场所出现火情怎么办？……………………………… 79

33. 演艺人员参加演出时应如何做好疫情防护？…………… 81

34. 演艺人员遇到突发公共卫生事件时应当怎么做？……… 83

35. 演艺人员在传染病防治上有哪些义务？………………… 85

第六章　未成年人保护

36. 国家鼓励制作、传播哪些类型的未成年人节目？……… 89

37. 未成年人节目不得含有哪些内容？……………………… 91

38. 录制未成年人节目过程中禁止哪些行为？……………… 96

39. 未成年人可以作为广告代言人吗？……………………… 99

40. 未成年人节目播放商业广告需要注意什么？………… 100

41. 未成年人能独自签订网络表演经纪服务合同吗？ …… 102

42. 未成年人可以进行网络直播营销吗？ …………… 104

43. 能借"网红儿童"牟利吗？ ………………………… 106

第七章　外国演员管理

44. 外国演艺人员入境演出应持有哪些文件？ ………… 111

45. 外国演艺人员在中国工作须具备哪些条件？ ……… 112

46. 外国留学生可以录制影视节目吗？ ………………… 114

第八章　演出经纪人

47. 演员经纪公司、工作室、经纪人对演员负有
哪些管理职责？ ……………………………………… 117

48. 演员经纪公司、工作室应当如何正确引导粉丝？ …… 120

49. 营业性演出中不得出现哪些情形？ ………………… 122

50. 演出经纪人员不得从事哪些行为？ ………………… 124

51. 营业性演出的名称和宣传应当注意什么？ ………… 126

第九章　合同风险

52. 订合同可以采用什么形式？ ………………………… 131

53. 演艺人员签订含有格式条款的合同时要注意什么？ … 132

54. 哪些合同是无效的？ ………………………………… 134

55. 哪些合同是可以撤销的？ …………………………… 136

56. 哪些情况下演艺人员可以解除合同？ ………… 138

57. 演艺人员不履行合同，要承担哪些违约责任？ ……… 140

58. 演艺经纪合同中约定的违约金过高，怎么办？ ……… 141

第十章　税收风险

59. 演艺人员的哪些个人所得应当纳税？ ………… 145

60. 哪些情形下，演艺人员应当办理个人所得税纳税申报？ ………… 149

61. 哪些企业收入应当纳税？ ………… 151

62. 哪些行为是偷税？ ………… 153

63. 哪些行为是抗税？ ………… 155

64. 哪些行为是逃避追缴欠税？ ………… 156

65. 偷税、抗税、逃避追缴欠税的，应当承担什么法律责任？ ………… 157

66. 税收违法行为会被税务机关公开曝光吗？ ……… 160

第十一章　行政处罚与刑事风险

67. 假唱会受到哪些处罚？ ………… 165

68. 殴打他人，会有哪些法律后果？ ………… 168

69. 酒后驾车，应当承担什么法律责任？ ………… 172

70. 飙车应当承担什么法律责任？ ………… 176

71. 交通肇事，应当承担什么法律责任？ ………… 179

72. 性骚扰应当承担什么法律责任？ ………………… 181
73. 嫖娼应当受到什么处罚？ …………………………… 184
74. 嫖娼在什么情况下可能构成犯罪？ ……………… 185
75. 组织或进行淫秽表演，应当承担什么法律责任？ …… 187
76. 聚众淫乱，应当承担什么法律责任？ …………… 189
77. 强奸应当承担什么法律责任？ …………………… 191
78. 哪些涉赌行为会受到处罚？ ……………………… 193
79. 什么是毒品？ ……………………………………… 195
80. 吸毒应当承担什么法律责任？ …………………… 196
81. 非法持有毒品，应当承担什么法律责任？ ……… 198
82. 容留他人吸毒，应当承担什么法律责任？ ……… 201
83. 引诱、教唆、欺骗他人吸毒，应当承担什么
    法律责任？ ………………………………………… 203
84. 哪些行为构成洗钱罪？应当承担什么法律责任？ …… 205
85. 犯行贿罪的，应当承担什么法律责任？ ………… 209
86. 犯单位行贿罪的，应当承担什么法律责任？ …… 211

第一章 宪法及相关法

1 宪法规定的公民基本权利主要有哪些？

（1）选举权和被选举权；

（2）言论、出版、集会、结社、游行、示威的自由；

（3）宗教信仰自由；

（4）人身自由、人格尊严不受侵犯；

（5）住宅不受侵犯；

（6）通信自由和通信秘密；

（7）批评、建议权，申诉、控告、检举权；

（8）劳动权和休息权；

（9）受教育权；

（10）进行科学研究、文学艺术创作和其他文化活动的自由等。

《中华人民共和国宪法》

第三十四条 中华人民共和国年满十八周岁的公民,不分民族、种族、性别、职业、家庭出身、宗教信仰、教育程度、财产状况、居住期限,都有选举权和被选举权;但是依照法律被剥夺政治权利的人除外。

第三十五条 中华人民共和国公民有言论、出版、集会、结社、游行、示威的自由。

第三十六条 中华人民共和国公民有宗教信仰自由。
任何国家机关、社会团体和个人不得强制公民信仰宗教或者不信仰宗教,不得歧视信仰宗教的公民和不信仰宗教的公民。
国家保护正常的宗教活动。任何人不得利用宗教进行破坏社会秩序、损害公民身体健康、妨碍国家教育制度的活动。
宗教团体和宗教事务不受外国势力的支配。

第三十七条 中华人民共和国公民的人身自由不受侵犯。
任何公民,非经人民检察院批准或者决定或者人民法院决定,并由公安机关执行,不受逮捕。
禁止非法拘禁和以其他方法非法剥夺或者限制公民的人身自由,禁止非法搜查公民的身体。

第三十八条 中华人民共和国公民的人格尊严不受侵犯。禁止用任何方法对公民进行侮辱、诽谤和诬告陷害。

第三十九条 中华人民共和国公民的住宅不受侵犯。禁止非法搜查或者非法侵入公民的住宅。

第四十条 中华人民共和国公民的通信自由和通信秘密受法律的保护。除因国家安全或者追查刑事犯罪的需要，由公安机关或者检察机关依照法律规定的程序对通信进行检查外，任何组织或者个人不得以任何理由侵犯公民的通信自由和通信秘密。

第四十一条第一款 中华人民共和国公民对于任何国家机关和国家工作人员，有提出批评和建议的权利；对于任何国家机关和国家工作人员的违法失职行为，有向有关国家机关提出申诉、控告或者检举的权利，但是不得捏造或者歪曲事实进行诬告陷害。

第四十二条第一款 中华人民共和国公民有劳动的权利和义务。

第四十三条第一款 中华人民共和国劳动者有休息的权利。

第四十六条第一款 中华人民共和国公民有受教育的权利和义务。

第四十七条 中华人民共和国公民有进行科学研究、文学艺术创作和其他文化活动的自由。国家对于从事教育、科学、技术、文学、艺术和其他文化事业的公民的有益于人民的创造性工作，给以鼓励和帮助。

2 宪法规定的公民基本义务主要有哪些？

（1）维护国家统一和民族团结；

（2）遵守宪法和法律；

（3）保守国家秘密；

（4）爱护公共财产；

（5）遵守劳动纪律；

（6）遵守公共秩序；

（7）尊重社会公德；

（8）维护国家安全、荣誉和利益；

（9）依法服兵役和参加民兵组织；

（10）依法纳税等。

法律依据

《中华人民共和国宪法》

第五十二条 中华人民共和国公民有维护国家统一和全国各民族团结的义务。

第五十三条 中华人民共和国公民必须遵守宪法和法律，保守国家秘密，爱护公共财产，遵守劳动纪律，遵守公共秩序，尊重社会公德。

第五十四条 中华人民共和国公民有维护祖国的安全、荣誉和利益的义务，不得有危害祖国的安全、荣誉和利益的行为。

第五十五条第二款 依照法律服兵役和参加民兵组织是中华人民共和国公民的光荣义务。

第五十六条 中华人民共和国公民有依照法律纳税的义务。

3 | 使用国旗及其图案时，应当注意哪些问题？

（1）不得升挂或者使用破损、污损、褪色或者不合规格的国旗。

（2）不得倒挂、倒插或者以其他有损国旗尊严的方式升挂、使用国旗。

（3）不得随意丢弃国旗。

（4）大型群众性活动结束后，应当收回或者妥善处置活动现场使用的国旗。

（5）不得将国旗及其图案用作商标、授予专利权的外观设计和商业广告。

（6）不得将国旗及其图案用于私人丧事活动。

（7）不得在公共场合焚烧、毁损、涂划、玷污、践踏国旗。

（8）在网络中使用国旗图案，应当使用标准版本，遵守网络管理规定。

《中华人民共和国国旗法》

第九条　国家倡导公民和组织在适宜的场合使用国旗及其图案，表达爱国情感。

公民和组织在网络中使用国旗图案，应当遵守相关网络管理规定，不得损害国旗尊严。

网络使用的国旗图案标准版本在中国人大网和中国政府网上发布。

第十九条　不得升挂或者使用破损、污损、褪色或者不合规格的国旗，不得倒挂、倒插或者以其他有损国旗尊严的方式升挂、使用国旗。

不得随意丢弃国旗。破损、污损、褪色或者不合规格的国旗应当按照国家有关规定收回、处置。大型群众性活动结束后，活动主办方应当收回或者妥善处置活动现场使用的国旗。

第二十条　国旗及其图案不得用作商标、授予专利权的外观设计和商业广告，不得用于私人丧事活动等不适宜的情形。

第二十三条　在公共场合故意以焚烧、毁损、涂划、玷污、践踏等方式侮辱中华人民共和国国旗的，依法追究刑事责任；情节较轻的，由公安机关处以十五日以下拘留。

《中华人民共和国广告法》

第九条　广告不得有下列情形：

（一）使用或者变相使用中华人民共和国的国旗、国歌、国徽，军旗、军歌、军徽；……

《中华人民共和国商标法》

第十条　下列标志不得作为商标使用：

（一）同中华人民共和国的国家名称、国旗、国徽、国歌、军旗、军徽、军歌、勋章等相同或者近似的，以及同中央国家机关的名称、标志、所在地特定地点的名称或者标志性建筑物的名称、图形相同的；……

4 | 奏唱国歌时，应当注意哪些问题？

（1）按照国歌的标准歌词和曲谱奏唱。

（2）奏唱国歌时应当肃立，举止庄重。

（3）不得将国歌用于或者变相用于商标、商业广告。

（4）不得在私人丧事活动中使用国歌。

（5）不得将国歌作为公共场所的背景音乐。

（6）不得在公共场合故意篡改国歌歌词、曲谱。

（7）不得在公共场合以歪曲、贬损方式奏唱或者以其他方式侮辱国歌。

《中华人民共和国国歌法》

第五条 国家倡导公民和组织在适宜的场合奏唱国歌，表达爱国情感。

第六条 奏唱国歌，应当按照本法附件所载国歌的歌词和曲谱，不得采取有损国歌尊严的奏唱形式。

第七条 奏唱国歌时，在场人员应当肃立，举止庄重，不得有不尊重国歌的行为。

第八条 国歌不得用于或者变相用于商标、商业广告，不得在私人丧事活动等不适宜的场合使用，不得作为公共场所的背景音乐等。

第十五条 在公共场合，故意篡改国歌歌词、曲谱，以歪曲、贬损方式奏唱国歌，或者以其他方式侮辱国歌的，由公安机关处以警告或者十五日以下拘留；构成犯罪的，依法追究刑事责任。

《中华人民共和国广告法》

第九条 广告不得有下列情形：

（一）使用或者变相使用中华人民共和国的国旗、国歌、国徽、军旗、军歌、军徽；……

《中华人民共和国商标法》

第十条 下列标志不得作为商标使用：

（一）同中华人民共和国的国家名称、国旗、国徽、国歌、军旗、军徽、军歌、勋章等相同或者近似的，以及同中央国家机关的名称、标志、所在地特定地点的名称或者标志性建筑物的名称、图形相同的；……

5 使用国徽及其图案时，应当注意哪些问题？

（1）不得在不庄重的场合佩戴国徽徽章。

（2）不得悬挂破损、污损或者不合规格的国徽。

（3）不得将国徽及其图案用于商标、授予专利权的外观设计、商业广告。

（4）不得将国徽及其图案用于日常用品、日常生活的陈设布置。

（5）不得将国徽及其图案用于私人庆吊活动。

（6）不得在公共场合焚烧、毁损、涂划、玷污、践踏国徽。

第一章　宪法及相关法　15

《中华人民共和国国徽法》

第十条第三款　公民在庄重的场合可以佩戴国徽徽章，表达爱国情感。

第十三条　国徽及其图案不得用于：
（一）商标、授予专利权的外观设计、商业广告；
（二）日常用品、日常生活的陈设布置；
（三）私人庆吊活动；
（四）国务院办公厅规定不得使用国徽及其图案的其他场合。

第十四条　不得悬挂破损、污损或者不合规格的国徽。

第十八条　在公共场合故意以焚烧、毁损、涂划、玷污、践踏等方式侮辱中华人民共和国国徽的，依法追究刑事责任；情节较轻的，由公安机关处以十五日以下拘留。

《中华人民共和国广告法》

第九条　广告不得有下列情形：
（一）使用或者变相使用中华人民共和国的国旗、国歌、国徽，军旗、军歌、军徽；……

《中华人民共和国商标法》

第十条 下列标志不得作为商标使用：

（一）同中华人民共和国的国家名称、国旗、国徽、国歌、军旗、军徽、军歌、勋章等相同或者近似的，以及同中央国家机关的名称、标志、所在地特定地点的名称或者标志性建筑物的名称、图形相同的；……

6 | 侮辱国旗、国歌、国徽，要承担什么法律责任？

（1）行政责任：处警告或者15日以下拘留。

（2）刑事责任：处3年以下有期徒刑、拘役、管制或者剥夺政治权利。

《中华人民共和国国旗法》

第二十三条 在公共场合故意以焚烧、毁损、涂划、玷污、践踏等方式侮辱中华人民共和国国旗的，依法追究刑事责任；情节较轻的，由公安机关处以十五日以下拘留。

《中华人民共和国国歌法》

第十五条 在公共场合，故意篡改国歌歌词、曲谱，以歪曲、贬损方式奏唱国歌，或者以其他方式侮辱国歌的，由公安机关处以警告或者十五日以下拘留；构成犯罪的，依法追究刑事责任。

《中华人民共和国国徽法》

第十八条 在公共场合故意以焚烧、毁损、涂划、玷污、践踏等方式侮辱中华人民共和国国徽的，依法追究刑事责任；情节较轻的，由公安机关处以十五日以下拘留。

《中华人民共和国刑法》

第二百九十九条 在公共场合，故意以焚烧、毁损、涂划、玷污、践踏等方式侮辱中华人民共和国国旗、国徽的，处三年以下有期徒刑、拘役、管制或者剥夺政治权利。

在公共场合，故意篡改中华人民共和国国歌歌词、曲谱，以歪曲、贬损方式奏唱国歌，或者以其他方式侮辱国歌，情节严重的，依照前款的规定处罚。

第二章 人格权保护

7 | 演艺人员享有哪些人格权？

演艺人员享有生命权、身体权、健康权、姓名权、名称权、肖像权、名誉权、荣誉权、隐私权等权利。此外，还享有基于人身自由、人格尊严产生的其他人格权益。

《中华人民共和国民法典》
第九百九十条 人格权是民事主体享有的生命权、身体权、健康权、姓名权、名称权、肖像权、名誉权、荣誉权、隐私权等权利。除前款规定的人格权外，自然人享有基于人身自由、人格尊严产生的其他人格权益。

8 哪些行为构成对演艺人员隐私权的侵害？

（1）用电话、短信、即时通讯工具、电子邮件、传单等方式侵扰演艺人员的私人生活安宁；

（2）进入、拍摄、窥视演艺人员的住宅、宾馆房间等私密空间；

（3）拍摄、窥视、窃听、公开演艺人员的私密活动；

（4）拍摄、窥视演艺人员身体的私密部位；

（5）处理演艺人员的私密信息。

法律依据

《中华人民共和国民法典》

第一千零三十二条 自然人享有隐私权。任何组织或者个人不得以刺探、侵扰、泄露、公开等方式侵害他人的隐私权。

隐私是自然人的私人生活安宁和不愿为他人知晓的私密空间、私密活动、私密信息。

第一千零三十三条 除法律另有规定或者权利人明确同意外，任何组织或者个人不得实施下列行为：

（一）以电话、短信、即时通讯工具、电子邮件、传单等方式侵扰他人的私人生活安宁；

（二）进入、拍摄、窥视他人的住宅、宾馆房间等私密空间；

（三）拍摄、窥视、窃听、公开他人的私密活动；

（四）拍摄、窥视他人身体的私密部位；

（五）处理他人的私密信息；

（六）以其他方式侵害他人的隐私权。

9 新闻报道时，可以使用演艺人员的姓名等个人信息吗？

为公共利益实施新闻报道、舆论监督等行为的，可以合理使用演艺人员的姓名、肖像、个人信息等。

《中华人民共和国民法典》

第九百九十九条 为公共利益实施新闻报道、舆论监督等行为的，可以合理使用民事主体的姓名、名称、肖像、个人信息等；使用不合理侵害民事主体人格权的，应当依法承担民事责任。

10 | 演艺人员的艺名和网名受法律保护吗？

演艺人员的艺名和网名如果具有一定社会知名度，被他人使用足以造成公众混淆的，则和其姓名一样，均受法律保护。

法律依据

《中华人民共和国民法典》

第一千零一十七条 具有一定社会知名度，被他人使用足以造成公众混淆的笔名、艺名、网名、译名、字号、姓名和名称的简称等，参照适用姓名权和名称权保护的有关规定。

11 | 哪些行为构成对演艺人员名誉权的侵害?

名誉是指对民事主体的品德、声望、才能、信用等的社会评价。任何组织或者个人不得以侮辱、诽谤等方式侵害演艺人员的名誉权。

需要注意的是,很多演艺人员因演反派角色或负面事件被"网暴",网络空间不是法外之地,这种行为也会导致演艺人员人格、名誉受损,也是侵害演艺人员名誉权的行为。

法律依据

《中华人民共和国民法典》

第一千零二十四条 民事主体享有名誉权。任何组织或者个人不得以侮辱、诽谤等方式侵害他人的名誉权。

名誉是对民事主体的品德、声望、才能、信用等的社会评价。

12 | 新闻报道和舆论监督与演艺人员名誉权冲突了怎么办?

演艺人员的名誉权受到一定的法律限制,如果社会大众为公共利益实施新闻报道、舆论监督等行为,影响演艺人员名誉的,不承担民事责任。但以下三种情形要承担法律责任:

(1)捏造、歪曲事实;

(2)对他人提供的严重失实内容未尽到合理核实义务;

(3)使用侮辱性言辞等贬损演艺人员名誉。

法律依据

《中华人民共和国民法典》

第一千零二十五条 行为人为公共利益实施新闻报道、舆论监督等行为，影响他人名誉的，不承担民事责任，但是有下列情形之一的除外：

（一）捏造、歪曲事实；

（二）对他人提供的严重失实内容未尽到合理核实义务；

（三）使用侮辱性言辞等贬损他人名誉。

13 | 演艺人员的名誉权受到侵害，应当如何维权？

演艺人员作为公众人物，具有一定的社会知名度和影响力，其一举一动都会对社会公众产生影响。因为获得的社会关注度高，所以社会公众对演艺人员的批评和监督也比普通人更多。但是这些批评和监督如果超出限度，也会使演艺人员的名誉权受损。根据司法实践，常见的构成对演艺人员名誉权侵害的行为有：

（1）持续发布多条针对演艺人员个人的具有侮辱、诽谤性质的消息或博文，内容包含诸多低俗、污秽、恶意、侮辱性的不实言论，对演艺人员进行人身攻击。

(2)捏造发布针对演艺人员的不实谣言和不实的负面新闻,恶意中伤、抹黑演艺人员。

(3)虽未指名道姓,但使用"饭圈"黑话等特有语言影射特定演艺人员,能够认定侮辱性称谓和特定人物之间的对应关系。

(5)特定情况下对演艺人员粉丝使用侮辱性语言等行为也构成对演艺人员的侮辱。

(6)对他人提供的针对演艺人员的严重失实内容未尽到合理核实义务即盲目转发、扩大负面影响的。

演艺人员的人格权利受到法律的保护,如果因他人的侵权行为导致其名誉权受到侵害,可以依据法律规定,向人民法院提起诉讼,维护自己的合法权益:

(1)在发生一般侵权行为的情况下,向人民法院提起民事诉讼,要求行为人停止侵害、恢复名誉、消除影响、赔礼道歉,并赔偿诉讼费用、经济损失和精神损害抚慰金等。

(2)对于侵权情节过于恶劣,造成了不可弥补的损失的，还可以侮辱罪或者诽谤罪向人民法院提起刑事诉讼，要求追究行为人的刑事责任。

公民的言论自由应以不侵害他人的合法权利为限，所以社会公众不管在现实生活中还是网络中，都不应当对他人发表具有侮辱和诽谤性质的不当言论。否则，即构成对他人名誉权的侵害，需要承担相应的法律责任。

法律依据

《中华人民共和国民法典》

第九百九十五条 人格权受到侵害的，受害人有权依照本法和其他法律的规定请求行为人承担民事责任。受害人的停止侵害、排除妨碍、消除危险、消除影响、恢复名誉、赔礼道歉请求权，不适用诉讼时效的规定。

第一千条 行为人因侵害人格权承担消除影响、恢复名誉、赔礼道歉等民事责任的，应当与行为的具体方式和造成的影响范围相当。

行为人拒不承担前款规定的民事责任的，人民法院可以采取在报刊、网络等媒体上发布公告或者公布生效裁判文书等方式执行，产生的费用由行为人负担。

《中华人民共和国刑法》

第二百四十六条 以暴力或者其他方法公然侮辱他人或者捏造事实诽谤他人，情节严重的，处三年以下有期徒刑、拘役、管制或者剥夺政治权利。

前款罪，告诉的才处理，但是严重危害社会秩序和国家利益的除外。

通过信息网络实施第一款规定的行为，被害人向人民法院告诉，但提供证据确有困难的，人民法院可以要求公安机关提供协助。

14 | 哪些行为构成对演艺人员肖像权的侵害?

（1）丑化、污损，或者利用信息技术手段伪造演艺人员肖像；

（2）未经演艺人员同意，制作、使用、公开演艺人员的肖像；

（3）未经演艺人员同意，以发表、复制、发行、出租、展览等方式使用或者公开演艺人员的肖像。

法律依据

《中华人民共和国民法典》

第一千零一十九条　任何组织或者个人不得以丑化、污损，或者利用信息技术手段伪造等方式侵害他人的肖像权。未经肖像权人同意，不得制作、使用、公开肖像权人的肖像，但是法律另有规定的除外。

未经肖像权人同意，肖像作品权利人不得以发表、复制、发行、出租、展览等方式使用或者公开肖像权人的肖像。

15 | 公开发表的文学、艺术作品涉及演艺人员的，会侵犯其名誉权吗？

公开发表的文学、艺术作品涉及演艺人员名誉的，分两种情形处理：

（1）如果发表的内容以真人真事或者特定人为描述对象，含有侮辱、诽谤内容，属于侵害演艺人员名誉权，行为人要承担民事责任。

（2）如果发表的内容不以特定人为描述对象，仅其中的情节与该特定人的情况相似的，则不构成侵害演艺人员名誉权，不承担民事责任。

法律依据

《中华人民共和国民法典》

第一千零二十七条 行为人发表的文学、艺术作品以真人真事或者特定人为描述对象，含有侮辱、诽谤内容，侵害他人名誉权的，受害人有权依法请求该行为人承担民事责任。

行为人发表的文学、艺术作品不以特定人为描述对象，仅其中的情节与该特定人的情况相似的，不承担民事责任。

第三章 知识产权保护

16 | 演艺人员的姓名等相关信息可以申请注册商标吗？

（1）演艺人员的姓名、艺名、昵称、简称、工作室名称等都可以申请注册商标。

（2）申请和使用商标应当遵循诚实信用原则，并且对使用商标的商品质量负责。

法律依据

《中华人民共和国商标法》

第七条 申请注册和使用商标，应当遵循诚实信用原则。商标使用人应当对其使用商标的商品质量负责。各级工商行政管理部门应当通过商标管理，制止欺骗消费者的行为。

第八条 任何能够将自然人、法人或者其他组织的商品与他人的商品区别开的标志，包括文字、图形、字母、数字、三维标志、颜色组合和声音等，以及上述要素的组合，均可以作为商标申请注册。

17 | 涉及演艺人员个人信息的商标被恶意"抢注",应当如何维权?

(1)请求商标评审委员会宣告该注册商标无效。

(2)由行政机关给予警告、罚款等行政处罚。

法律依据

《中华人民共和国商标法》

第四条第一款 自然人、法人或者其他组织在生产经营活动中,对其商品或者服务需要取得商标专用权的,应当向商标局申请商标注册。不以使用为目的的恶意商标注册申请,应当予以驳回。

第四十四条第一款 已经注册的商标,违反本法第四条、第十条、第十一条、第十二条、第十九条第四款规定的,或者是以欺骗手段或者其他不正当手段取得注册的，由商标局宣告该注册商标无效；其他单位或者个人可以请求商标评审委员会宣告该注册商标无效。

第六十八条第四款 对恶意申请商标注册的，根据情节给予警告、罚款等行政处罚；对恶意提起商标诉讼的，由人民法院依法给予处罚。

18 演艺人员使用他人作品演出，如何避免侵权？

（1）不得侵犯作者的署名权、修改权、保护作品完整权和获得报酬的权利。

（2）演艺人员个人使用他人作品演出的，要取得著作权人许可，并支付报酬。

（3）演出是由组织者组织的，由组织者取得著作权人许可，并支付报酬。

法律依据

《中华人民共和国著作权法》

第三十一条 出版者、表演者、录音录像制作者、广播电台、电视台等依照本法有关规定使用他人作品的，不得侵犯作者的署名权、修改权、保护作品完整权和获得报酬的权利。

第三十八条 使用他人作品演出，表演者应当取得著作权人许可，并支付报酬。演出组织者组织演出，由该组织者取得著作权人许可，并支付报酬。

19 | 演艺人员表演时享有哪些权利?

（1）表明自己的身份；

（2）保护自己的表演形象不受歪曲；

（3）许可他人从现场直播或者公开传送自己的现场表演，并获得报酬；

（4）许可他人对自己的表演进行录音录像，并获得报酬；

（5）许可他人复制、发行、出租录有自己表演内容的录音录像制品，并获得报酬；

（6）许可他人通过信息网络向公众传播自己的表演，并获得报酬。

被演艺人员许可通过上述第（3）项至第（6）项

的方式使用其表演作品的人，还应当取得著作权人许可，并支付报酬。

法律依据

《中华人民共和国著作权法》

第三十九条　表演者对其表演享有下列权利：

（一）表明表演者身份；

（二）保护表演形象不受歪曲；

（三）许可他人从现场直播和公开传送其现场表演，并获得报酬；

（四）许可他人录音录像，并获得报酬；

（五）许可他人复制、发行、出租录有其表演的录音录像制品，并获得报酬；

（六）许可他人通过信息网络向公众传播其表演，并获得报酬。

被许可人以前款第三项至第六项规定的方式使用作品，还应当取得著作权人许可，并支付报酬。

20 共同创作的歌曲、剧本等作品，如何确定著作权的归属？

由两个或者两个以上的人共同创作的歌曲、剧本等，为合作作品。合作作品的著作权由参与创作的人共同享有。

法律依据

《中华人民共和国著作权法》

第十四条第一款 两人以上合作创作的作品，著作权由合作作者共同享有。没有参加创作的人，不能成为合作作者。

21 | 共同创作的作品，著作权应当如何行使？

（1）行使合作作品的著作权，应当由参与创作的人协商一致进行，特别是对合作作品的转让、许可他人专有使用、出质等权利的行使必须由所有创作者协商一致。

（2）行使合作作品的著作权不能协商一致，且无正当理由的任何一方合作作者不能阻止其他作者行使除上述（1）以外的其他权利，但因行使著作权所获的收益要合理分配给所有的创作者。

法律依据

《中华人民共和国著作权法》

第十四条第二款 合作作品的著作权由合作作者通过协商一致行使；不能协商一致，又无正当理由的，任何一方不得阻止他方行使除转让、许可他人专有使用、出质以外的其他权利，但是所得收益应当合理分配给所有的创作者。

第十四条第三款 合作作品可以分割使用的，作者对各自创作的部分可以单独享有著作权，但行使著作权时不得侵犯合作作品整体的著作权。

22 擅自将共同创作的作品以自己的名义发表的,将承担什么法律后果?

（1）停止侵害；

（2）消除影响；

（3）赔礼道歉；

（4）赔偿损失。

法律依据

《中华人民共和国著作权法》

第五十二条　有下列侵权行为的,应当根据情况,承担停止侵害、消除影响、赔礼道歉、赔偿损失等民事责任：

……

（二）未经合作作者许可，将与他人合作创作的作品当作自己单独创作的作品发表的；

……

23　演艺人员翻唱他人的歌曲如何避免侵权？

（1）演艺人员直接翻唱他人歌曲的，要取得歌曲著作权人的许可，并支付报酬。

（2）翻唱的歌曲是由他人改编的，应当分别取得改编歌曲的著作权人和原歌曲的著作权人的许可，并支付报酬。

法律依据

《中华人民共和国著作权法》

第十三条　改编、翻译、注释、整理已有作品而产生的作品，其著作权由改编、翻译、注释、整理人享有，但行使著作权时不得侵犯原作品的著作权。

第十六条 使用改编、翻译、注释、整理、汇编已有作品而产生的作品进行出版、演出和制作录音录像制品，应当取得该作品的著作权人和原作品的著作权人许可，并支付报酬。

第三十八条 使用他人作品演出，表演者应当取得著作权人许可，并支付报酬。演出组织者组织演出，由该组织者取得著作权人许可，并支付报酬。

第四章　广告宣传

24 演艺人员进行广告代言时应当注意什么?

（1）不满10周岁的未成年人不能代言广告。

（2）没有亲身使用过的商品或者未接受过的服务不能代言。

（3）医疗和保健等相关产品不能代言。

（4）虚假广告不能代言。

法律依据

《中华人民共和国广告法》

第十六条第一款　医疗、药品、医疗器械广告不得含有下列内容：
……

（四）利用广告代言人作推荐、证明；

……

第十八条第一款　保健食品广告不得含有下列内容：

……

（五）利用广告代言人作推荐、证明；

……

第二十八条　广告以虚假或者引人误解的内容欺骗、误导消费者的，构成虚假广告。

广告有下列情形之一的，为虚假广告：

（一）商品或者服务不存在的；

（二）商品的性能、功能、产地、用途、质量、规格、成分、价格、生产者、有效期限、销售状况、曾获荣誉等信息，或者服务的内容、提供者、形式、质量、价格、销售状况、曾获荣誉等信息，以及与商品或者服务有关的允诺等信息与实际情况不符，对购买行为有实质性影响的；

（三）使用虚构、伪造或者无法验证的科研成果、统计资料、调查结果、文摘、引用语等信息作证明材料的；

（四）虚构使用商品或者接受服务的效果的；

（五）以虚假或者引人误解的内容欺骗、误导消费者的其他情形。

第三十八条　广告代言人在广告中对商品、服务作推荐、证明，应当依据事实，符合本法和有关法律、行政法规规定，并不得为其未使用过的商品或者未接受过的服务作推荐、证明。

不得利用不满十周岁的未成年人作为广告代言人。

对在虚假广告中作推荐、证明受到行政处罚未满三年的自然人、法人或者其他组织,不得利用其作为广告代言人。

25 | 广告中不得出现哪些内容？

（1）使用或者变相使用中华人民共和国的国旗、国歌、国徽，军旗、军歌、军徽；

（2）使用或者变相使用国家机关、国家机关工作人员的名义或者形象；

（3）使用"国家级"、"最高级"、"最佳"等用语；

（4）损害国家的尊严或者利益，泄露国家秘密；

（5）妨碍社会安定，损害社会公共利益；

（6）危害人身、财产安全，泄露个人隐私；

（7）妨碍社会公共秩序或者违背社会良好风尚；

（8）含有淫秽、色情、赌博、迷信、恐怖、暴力的内容；

（9）含有民族、种族、宗教、性别歧视的内容；

（10）妨碍环境、自然资源或者文化遗产保护。

法律依据

《中华人民共和国广告法》

第九条 广告不得有下列情形：

（一）使用或者变相使用中华人民共和国的国旗、国歌、国徽，军旗、军歌、军徽；

（二）使用或者变相使用国家机关、国家机关工作人员的名义或者形象；

（三）使用"国家级"、"最高级"、"最佳"等用语；

（四）损害国家的尊严或者利益，泄露国家秘密；

（五）妨碍社会安定，损害社会公共利益；

（六）危害人身、财产安全，泄露个人隐私；

（七）妨碍社会公共秩序或者违背社会良好风尚；

（八）含有淫秽、色情、赌博、迷信、恐怖、暴力的内容；

（九）含有民族、种族、宗教、性别歧视的内容；

（十）妨碍环境、自然资源或者文化遗产保护；

（十一）法律、行政法规规定禁止的其他情形。

26 | 演艺人员代言虚假广告可能会有哪些法律后果？

（1）与广告经营者、广告发布者、广告主一起承担连带责任；

（2）没收违法所得；

（3）罚款；

（3）3年的广告"禁期"。

法律依据

《中华人民共和国广告法》

第三十八条第三款 对在虚假广告中作推荐、证明受到行政处罚未满三年的自然人、法人或者其他组织，不得利用其作为广告代言人。

第五十六条 违反本法规定，发布虚假广告，欺骗、误导消费者，使购买商品或者接受服务的消费者的合法权益受到损害的，由广告主依法承担民事责任。广告经营者、广告发布者不能提供广告主的真实名称、地址和有效联系方式的，消费者可以要求广告经营者、广告发布者先行赔偿。

关系消费者生命健康的商品或者服务的虚假广告，造成消费者损害的，其广告经营者、广告发布者、广告代言人应当与广告主承担连带责任。

前款规定以外的商品或者服务的虚假广告，造成消费者损害的，其广告经营者、广告发布者、广告代言人，明知或者应知广告虚假仍设计、制作、代理、发布或者作推荐、证明的，应当与广告主承担连带责任。

第六十一条 广告代言人有下列情形之一的，由市场监督管理部门没收违法所得，并处违法所得一倍以上二倍以下的罚款：

……

（四）明知或者应知广告虚假仍在广告中对商品、服务作推荐、证明的。

27 演艺人员在涉及英雄烈士形象的场合,应当注意什么?

（1）不得歪曲、丑化、亵渎、否定英雄烈士事迹和精神。

（2）不得以侮辱、诽谤或者其他方式侵害英雄烈士的姓名、肖像、名誉、荣誉。

（3）不得将英雄烈士的姓名、肖像用于或者变相用于商标、商业广告，损害英雄烈士的名誉、荣誉。

（4）不得在英雄烈士纪念设施保护范围内从事有损纪念英雄烈士环境和氛围的活动。

（5）不得侵占英雄烈士纪念设施保护范围内的土地和设施，不得破坏、污损英雄烈士纪念设施。

（6）不得宣扬、美化侵略战争和侵略行为。

法律依据

《中华人民共和国英雄烈士保护法》

第十条第二款 任何组织和个人不得在英雄烈士纪念设施保护范围内从事有损纪念英雄烈士环境和氛围的活动，不得侵占英雄烈士纪念设施保护范围内的土地和设施，不得破坏、污损英雄烈士纪念设施。

第二十二条 禁止歪曲、丑化、亵渎、否定英雄烈士事迹和精神。

英雄烈士的姓名、肖像、名誉、荣誉受法律保护。任何组织和个人不得在公共场所、互联网或者利用广播电视、电影、出版物等，以侮辱、诽谤或者其他方式侵害英雄烈士的姓名、肖像、名誉、荣誉。任何组织和个人不得将英雄烈士的姓名、肖像用于或者变相用于商标、商业广告，损害英雄烈士的名誉、荣誉。

……

第二十七条第二款 亵渎、否定英雄烈士事迹和精神，宣扬、美化侵略战争和侵略行为，寻衅滋事，扰乱公共秩序，构成违反治安管理行为的，由公安机关依法给予治安管理处罚；构成犯罪的，依法追究刑事责任。

28 演艺活动中涉及国家统一和领土完整问题时，应当注意什么？

（1）坚持一个中国原则，反对"台独""港独"等分裂势力。

（2）维护民族团结，反对"疆独""藏独"等民族分裂势力。

法律依据

《中华人民共和国宪法》

序言第九自然段 台湾是中华人民共和国的神圣领土的一部分。完成统一祖国的大业是包括台湾同胞在内的全中国人民的神圣职责。

第四条第三款 各少数民族聚居的地方实行区域自治，设立自治机关，行使自治权。各民族自治地方都是中华人民共和国不可分离的部分。

第三十一条 国家在必要时得设立特别行政区。在特别行政区内实行的制度按照具体情况由全国人民代表大会以法律规定。

29 演艺人员在涉及民族问题时，应当注意什么？

（1）坚持民族平等、民族团结和各民族共同繁荣的原则。

（2）不得歧视和压迫任何民族同胞，尊重各民族的语言文字和风俗习惯。

（3）坚决反对民族分裂行为，自觉维护国家统一和领土完整。

法律依据

《中华人民共和国宪法》

第四条第一款 中华人民共和国各民族一律平等……禁止对任何

民族的歧视和压迫，禁止破坏民族团结和制造民族分裂的行为。

第四条第三款 ……各民族自治地方都是中华人民共和国不可分离的部分。

第四条第四款 各民族都有使用和发展自己的语言文字的自由，都有保持或者改革自己的风俗习惯的自由。

30 | 演艺人员在涉及宗教问题时，应当注意什么？

（1）不得强制公民信仰宗教或者不信仰宗教。

（2）不得歧视信仰宗教的公民和不信仰宗教的公民。

（3）不得利用宗教进行破坏社会秩序、损害公民身体健康、妨碍国家教育制度的活动。

（4）非宗教团体、非宗教院校、非宗教活动场所、非指定的临时活动地点不得组织、举行宗教活动，不得接受宗教性的捐赠。

（5）非宗教团体、非宗教院校、非宗教活动场所不得开展宗教教育培训，不得组织公民出境参加宗教方面的培训、会议、活动等。

（6）禁止在宗教院校以外的学校及其他教育机构传教、举行宗教活动、成立宗教组织、设立宗教活动场所。

（7）不得利用公益慈善活动传教。

（8）不得宣扬、支持、资助宗教极端主义。

（9）不得利用宗教进行危害国家安全、公共安全，破坏民族团结、分裂国家和恐怖活动，侵犯公民人身权利、民主权利，妨害社会管理秩序，侵犯公私财产等违法活动。

法律依据

《中华人民共和国宪法》

第三十六条 中华人民共和国公民有宗教信仰自由。

任何国家机关、社会团体和个人不得强制公民信仰宗教或者不信仰宗教，不得歧视信仰宗教的公民和不信仰宗教的公民。

国家保护正常的宗教活动。任何人不得利用宗教进行破坏社会秩序、损害公民身体健康、妨碍国家教育制度的活动。

宗教团体和宗教事务不受外国势力的支配。

《宗教事务条例》

第四十一条 非宗教团体、非宗教院校、非宗教活动场所、非指定的临时活动地点不得组织、举行宗教活动，不得接受宗教性的捐赠。

非宗教团体、非宗教院校、非宗教活动场所不得开展宗教教育培训，不得组织公民出境参加宗教方面的培训、会议、活动等。

第四十四条 禁止在宗教院校以外的学校及其他教育机构传教、举行宗教活动、成立宗教组织、设立宗教活动场所。

第五十六条第二款 任何组织或者个人不得利用公益慈善活动传教。

第六十三条第一款 宣扬、支持、资助宗教极端主义，或者利用宗教进行危害国家安全、公共安全，破坏民族团结、分裂国家和恐怖活动，侵犯公民人身权利、民主权利，妨害社会管理秩序，侵犯公私财产等违法活动，构成犯罪的，依法追究刑事责任；尚不构成犯罪的，由有关部门依法给予行政处罚；对公民、法人或者其他组织造成损失的，依法承担民事责任。

第五章 公共安全

31 | 演出场所如何保障消防安全？

（1）不得损坏、挪用或者擅自拆除、停用消防设施、器材；

（2）不得埋压、圈占、遮挡消火栓或者占用防火间距；

（3）不得占用、堵塞、封闭疏散通道、安全出口、消防车通道；

（4）不得在演出场所门窗上设置影响逃生和灭火救援的障碍物；

（5）安排专门人员负责防火安全检查，并进行巡逻；

（6）不得诱导观众用明火方式为演艺人员助势。

法律依据

《中华人民共和国消防法》

第二十八条 任何单位、个人不得损坏、挪用或者擅自拆除、停用消防设施、器材，不得埋压、圈占、遮挡消火栓或者占用防火间距，不得占用、堵塞、封闭疏散通道、安全出口、消防车通道。人员密集场所的门窗不得设置影响逃生和灭火救援的障碍物。

《文化部关于加强公共文化单位和文化经营场所安全工作的紧急通知》

五、加强对演出场所演出活动的管理。……要求演艺人员在演出过程中不得以任何形式诱导观众用明火方式为演艺人员助势。

32 演出场所出现火情怎么办？

演出场所出现火情后，应这样处理：

（1）立即报警，或者为报警提供便利，不得阻拦报警；

（2）立即组织、引导在场人员疏散；

（3）立即组织力量扑救，或者请求邻近单位给予支援。

法律依据

《中华人民共和国消防法》

第四十四条 任何人发现火灾都应当立即报警。任何单位、个人都应当无偿为报警提供便利，不得阻拦报警。严禁谎报火警。

人员密集场所发生火灾，该场所的现场工作人员应当立即组织、引导在场人员疏散。

任何单位发生火灾，必须立即组织力量扑救。邻近单位应当给予支援。

……

33 演艺人员参加演出时应如何做好疫情防护？

演艺人员常在人员密集场所演出，需注意做好以下防护措施：

（1）与演出主办方签订安全协议或健康承诺书，提前做好身体健康监测等防控措施。

（2）疫苗接种做到应接尽接，接种疫苗后仍需注意个人防护。

（3）演出开始前进行体温测量，并做好记录，如出现可疑症状应及时就医，坚决杜绝带病上岗。

（4）演出期间，除正在表演的演员外，其余演艺人员应全程佩戴医用外科口罩或以上级别口罩，确保口罩盖住口鼻和下巴，鼻夹要压实。

（5）每场演出尽量压缩不必要的演艺人员，并注意保持安全距离。

法律依据

《剧院等演出场所新冠肺炎疫情防控工作指南（第五版）》
三、防控措施
……

（三）演职人员防护

1. 演出主办方应与参演单位和个人签订安全协议或健康承诺书，提前做好对演职人员（含行政、后勤等工作人员）的身体健康监测等防控措施。

2. 演职人员疫苗接种做到应接尽接，接种疫苗后仍需注意个人防护。演出开始前，演出主办方应对演职人员进行体温测量，并做好记录，如出现可疑症状应及时就医，坚决杜绝演职人员带病上岗。

3. 演出期间，除参加演出的演员外，其余演职人员应全程佩戴医用外科口罩或以上级别口罩，确保口罩盖住口鼻和下巴，鼻夹要压实。

4. 每场演出尽量压缩不必要的演职人员，注意保持安全距离。

34 | 演艺人员遇到突发公共卫生事件时应当怎么做？

（1）如实汇报情况：不得隐瞒、缓报、谎报，更不得授意他人隐瞒、缓报、谎报；

（2）上报隐患：有权向人民政府及其有关部门报告突发公共卫生事件隐患；

（3）举报失职：对地方人民政府及其有关部门不履行或不按规定履行突发公共卫生事件应急处理职责的情况，有权向上级人民政府及其有关部门举报。

法律依据

《突发公共卫生事件应急条例》

第二十一条 任何单位和个人对突发事件，不得隐瞒、缓报、谎报或者授意他人隐瞒、缓报、谎报。

第二十四条 国家建立突发事件举报制度，公布统一的突发事件报告、举报电话。

任何单位和个人有权向人民政府及其有关部门报告突发事件隐患，有权向上级人民政府及其有关部门举报地方人民政府及其有关部门不履行突发事件应急处理职责，或者不按照规定履行职责的情况。接到报告、举报的有关人民政府及其有关部门，应当立即组织对突发事件隐患、不履行或者不按照规定履行突发事件应急处理职责的情况进行调查处理。

……

35 | 演艺人员在传染病防治上有哪些义务？

由于演艺工作的特殊性，演艺人员接触人员较多、工作行程复杂、社会影响面广，在传染病防治上需要特别注意，遇到相关情况时需配合疾病预防控制机构和医疗机构做好以下预防、控制工作：

（1）接受有关传染病的调查，如实提供有关情况；

（2）接受检验；

（3）配合样本采集；

（4）在必要时接受隔离治疗。

法律依据

《中华人民共和国传染病防治法》

第十二条 在中华人民共和国领域内的一切单位和个人，必须接受疾病预防控制机构、医疗机构有关传染病的调查、检验、采集样本、隔离治疗等预防、控制措施，如实提供有关情况。疾病预防控制机构、医疗机构不得泄露涉及个人隐私的有关信息、资料。

……

第六章 未成年人保护

36 国家鼓励制作、传播哪些类型的未成年人节目？

（1）培育和弘扬社会主义核心价值观；

（2）弘扬中华优秀传统文化、革命文化和社会主义先进文化；

（3）引导树立正确的世界观、人生观、价值观；

（4）发扬中华民族传统家庭美德，树立优良家风；

（5）符合未成年人身心发展规律和特点；

（6）保护未成年人合法权益和情感，体现人文关怀；

（7）反映未成年人健康生活和积极向上的精神面貌；

（8）普及自然和社会科学知识；

（9）其他符合国家支持、鼓励政策的内容。

法律依据

《未成年人节目管理规定》

第八条　国家支持、鼓励含有下列内容的未成年人节目的制作、传播：

（一）培育和弘扬社会主义核心价值观；

（二）弘扬中华优秀传统文化、革命文化和社会主义先进文化；

（三）引导树立正确的世界观、人生观、价值观；

（四）发扬中华民族传统家庭美德，树立优良家风；

（五）符合未成年人身心发展规律和特点；

（六）保护未成年人合法权益和情感，体现人文关怀；

（七）反映未成年人健康生活和积极向上的精神面貌；

（八）普及自然和社会科学知识；

（九）其他符合国家支持、鼓励政策的内容。

37 未成年人节目不得含有哪些内容？

国家严令禁止制作、复制、出版、发布、传播含有宣扬淫秽、色情、暴力、邪教、迷信、赌博、引诱自杀、恐怖主义、分裂主义、极端主义等危害未成年人身心健康内容的电影、广播电视节目、舞台艺术作品、音像制品、电子出版物、网络信息及广告。

未成年人节目不得含有以下内容：

（1）渲染暴力、血腥、恐怖，教唆犯罪或者传授犯罪方法；

（2）除健康、科学的性教育之外的涉性话题、画面；

（3）肯定、赞许未成年人早恋；

（4）诋毁、歪曲或者以不当方式表现中华优秀传统文化、革命文化、社会主义先进文化；

（5）歪曲民族历史或者民族历史人物，歪曲、丑化、亵渎、否定英雄烈士事迹和精神；

（6）宣扬、美化、崇拜曾经对我国发动侵略战争和实施殖民统治的国家、事件、人物；

（7）宣扬邪教、迷信或者消极颓废的思想观念；

（8）宣扬或者肯定不良的家庭观、婚恋观、利益观；

（9）过分强调或者过度表现财富、家庭背景、社会地位；

（10）介绍或者展示自杀、自残和其他易被未成年人模仿的危险行为及游戏项目等；

（11）表现吸毒、滥用麻醉药品、精神药品和其他违禁药物；

（12）表现吸烟、售烟和酗酒；

（13）表现违反社会公共道德、扰乱社会秩序等不良举止行为；

（14）渲染帮会、黑社会组织的各类仪式；

（15）宣传、介绍不利于未成年人身心健康的网络游戏。

以科普、教育、警示为目的，制作、传播的节目中确有必要出现上述内容的，应当根据节目内容采取明显图像或者声音等方式予以提示，在显著位置设置明确提醒，并对相应画面、声音进行技术处理，避免过分展示。

法律依据

《中华人民共和国未成年人保护法》

第五十条 禁止制作、复制、出版、发布、传播含有宣扬淫秽、色情、暴力、邪教、迷信、赌博、引诱自杀、恐怖主义、分裂主义、极端主义等危害未成年人身心健康内容的图书、报刊、电影、广播电视节目、舞台艺术作品、音像制品、电子出版物和网络信息等。

第五十二条 禁止制作、复制、发布、传播或者持有有关未成年人的淫秽色情物品和网络信息。

第五十三条 任何组织或者个人不得刊登、播放、张贴或者散发含有危害未成年人身心健康内容的广告；不得在学校、幼儿园播放、张贴或者散发商业广告；不得利用校服、教材等发布或者变相发布商业广告。

《未成年人节目管理规定》

第九条 未成年人节目不得含有下列内容：

（一）渲染暴力、血腥、恐怖，教唆犯罪或者传授犯罪方法；

（二）除健康、科学的性教育之外的涉性话题、画面；

（三）肯定、赞许未成年人早恋；

（四）诋毁、歪曲或者以不当方式表现中华优秀传统文化、革命文化、社会主义先进文化；

（五）歪曲民族历史或者民族历史人物，歪曲、丑化、亵渎、否定英雄烈士事迹和精神；

（六）宣扬、美化、崇拜曾经对我国发动侵略战争和实施殖民统治的国家、事件、人物；

（七）宣扬邪教、迷信或者消极颓废的思想观念；

（八）宣扬或者肯定不良的家庭观、婚恋观、利益观；

（九）过分强调或者过度表现财富、家庭背景、社会地位；

（十）介绍或者展示自杀、自残和其他易被未成年人模仿的危险行为及游戏项目等；

(十一)表现吸毒、滥用麻醉药品、精神药品和其他违禁药物；

(十二)表现吸烟、售烟和酗酒；

(十三)表现违反社会公共道德、扰乱社会秩序等不良举止行为；

(十四)渲染帮会、黑社会组织的各类仪式；

(十五)宣传、介绍不利于未成年人身心健康的网络游戏；

(十六)法律、行政法规禁止的其他内容。

以科普、教育、警示为目的，制作、传播的节目中确有必要出现上述内容的，应当根据节目内容采取明显图像或者声音等方式予以提示，在显著位置设置明确提醒，并对相应画面、声音进行技术处理，避免过分展示。

38 | 录制未成年人节目过程中禁止哪些行为？

（1）不得制作、传播利用未成年人或者未成年人角色进行商业宣传的非广告类节目；

（2）不得以恐吓、诱骗、收买等方式迫使、引诱未成年人参与节目制作；

（3）不得泄露、质问、引诱未成年人泄露个人及其近亲属的隐私信息；

（4）不得要求未成年人表达超过其判断能力的观点；

（5）对确需报道的未成年人违法犯罪案件，不得披露犯罪案件中未成年人当事人的姓名、住所、照片、图像等个人信息，以及可能推断出未成年人当事人身份的资料；

（6）不得设置过高物质奖励；

（7）不得诱导未成年人现场拉票；

（8）不得询问未成年人失败退出的感受；

（9）不得就家庭矛盾纠纷采访未成年人；

（10）不得要求未成年人参与情感故事类、矛盾调解类节目录制和现场调解；

（11）不得对未成年人进行品行、道德方面的测试；

（12）不得放大未成年人的不良现象和非理性情绪。

法律依据

《未成年人节目管理规定》

第十条 不得制作、传播利用未成年人或者未成年人角色进行商业宣传的非广告类节目。

制作、传播未成年人参与的歌唱类选拔节目、真人秀节目、访谈脱口秀节目应当符合国务院广播电视主管部门的要求。

第十二条 邀请未成年人参与节目制作，应当事先经其法定监护人同意。不得以恐吓、诱骗或者收买等方式迫使、引诱未成年人参与节目制作。

制作未成年人节目应当保障参与制作的未成年人人身和财产安全，以及充足的学习和休息时间。

第十三条 未成年人节目制作过程中，不得泄露或者质问、引诱未成年人泄露个人及其近亲属的隐私信息，不得要求未成年人表达超过其判断能力的观点。

对确需报道的未成年人违法犯罪案件，不得披露犯罪案件中未成年人当事人的姓名、住所、照片、图像等个人信息，以及可能推断出未成年人当事人身份的资料。对于不可避免含有上述内容的画面和声音，应当采取技术处理，达到不可识别的标准。

第十五条 未成年人节目应当严格控制设置竞赛排名，不得设置过高物质奖励，不得诱导未成年人现场拉票或者询问未成年人失败退出的感受。

情感故事类、矛盾调解类等节目应当尊重和保护未成年人情感，不得就家庭矛盾纠纷采访未成年人，不得要求未成年人参与节目录制和现场调解，避免未成年人亲眼目睹家庭矛盾冲突和情感纠纷。

未成年人节目不得以任何方式对未成年人进行品行、道德方面的测试，放大不良现象和非理性情绪。

39 未成年人可以作为广告代言人吗？

不满 10 周岁的未成年人不可以作为广告代言人。

法律依据

《中华人民共和国广告法》

第三十八条第二款 不得利用不满十周岁的未成年人作为广告代言人。

40 | 未成年人节目播放商业广告需要注意什么?

（1）不得播出医疗、药品、保健食品、医疗器械、化妆品、酒类、美容广告、不利于未成年人身心健康的网络游戏广告，以及其他不适宜未成年人观看的广告；

（2）针对不满14周岁的未成年人的广告，不得诱导未成年人要求家长购买广告商品或服务；

（3）广告不得含有可能引发未成年人模仿不安全行为的内容；

（4）每小时播放广告不得超过12分钟；

（5）网络视听节目播放或暂停时，不得插播、展示广告，内容切换过程中的广告不得超过30秒。

法律依据

《未成年人节目管理规定》

第十八条　未成年人节目前后播出广告或者播出过程中插播广告，应当遵守下列规定：

（一）未成年人专门频率、频道、专区、链接、页面不得播出医疗、药品、保健食品、医疗器械、化妆品、酒类、美容广告、不利于未成年人身心健康的网络游戏广告，以及其他不适宜未成年人观看的广告，其他未成年人节目前后不得播出上述广告；

（二）针对不满十四周岁的未成年人的商品或者服务的广告，不得含有劝诱其要求家长购买广告商品或者服务、可能引发其模仿不安全行为的内容；

（三）不得利用不满十周岁的未成年人作为广告代言人；

（四）未成年人广播电视节目每小时播放广告不得超过12分钟；

（五）未成年人网络视听节目播出或者暂停播出过程中，不得插播、展示广告，内容切换过程中的广告时长不得超过30秒。

41 | 未成年人能独自签订网络表演经纪服务合同吗?

16周岁以下未成年人不能独自签订网络表演经纪服务合同。

16周岁以上未成年人签订网络表演经纪服务合同须经监护人书面同意。

法律依据

《网络表演经纪机构管理办法》

第七条 网络表演经纪机构不得为未满十六周岁的未成年人提供网络表演经纪服务;为十六周岁以上的未成年人提供网络表演经纪服务的,应当对其身份信息进行认证,并经其监护人书面同意。在征询监护人意见时,应当向监护人解释有关网络表演者权利、义务、责任和违约条款并留存相关交流记录。

网络表演经纪机构提供网络表演经纪服务，不得损害未成年人身心健康，不得侵犯未成年人权益。

42 未成年人可以进行网络直播营销吗？

16周岁以下未成年人不得进行网络直播营销。

16周岁以上未成年人须经监护人同意才能进行网络直播营销。

法律依据

《中华人民共和国未成年人保护法》

第七十六条 网络直播服务提供者不得为未满十六周岁的未成年人提供网络直播发布者账号注册服务；为年满十六周岁的未成年人提供网络直播发布者账号注册服务时，应当对其身份信息进行认证，并征得其父母或者其他监护人同意。

《网络直播营销管理办法(试行)》

第十七条 直播营销人员或者直播间运营者为自然人的,应当年满十六周岁;十六周岁以上的未成年人申请成为直播营销人员或者直播间运营者的,应当经监护人同意。

43 能借"网红儿童"牟利吗?

国家严禁借"网红儿童"牟利,并严格管控未成年人参与网络表演。

(1)依法严肃处理借未成年人积累人气、牟利的直播间或短视频账号。

(2)依法严肃处理利用儿童模特摆出不雅姿势、做性暗示动作等引流、带货牟利的账号。

> **法律依据**

《文化和旅游部办公厅关于加强网络文化市场未成年人保护工作的意见》
二、压实市场主体责任
……

7. 严禁借"网红儿童"牟利。严管严控未成年人参与网络表演，对出现未成年人单独出镜或者由成年人携带出镜超过一定时长且经核定为借助未成年人积累人气、谋取利益的直播间或者短视频账号，或者利用儿童模特摆出不雅姿势、做性暗示动作等吸引流量、带货牟利的账号依法予以严肃处理。

第七章 外国演员管理

44 | 外国演艺人员入境演出应持有哪些文件？

（1）文化主管部门出具的批准文书；

（2）在中国短期工作证明。

法律依据

《外国人入境完成短期工作任务的相关办理程序（试行）》

四、入境进行短期营业性演出的外国文艺表演团体、个人应持有文化主管部门出具的批准文书及在中国短期工作证明（以下简称工作证明）；入境完成其他短期工作任务的，应持有人力资源社会保障部门颁发的外国人就业许可证书（以下简称许可证书）及工作证明。

工作证明登记项目包括：持有人国籍和姓名、工作内容、工作地点、工作期限、签发日期等。

45 | 外国演艺人员在中国工作须具备哪些条件？

（1）年满18周岁，身体健康；

（2）具有从事其工作所必须的专业技能和相应的工作经历；

（3）无犯罪记录；

（4）有确定的聘用单位；

（5）持有有效护照或能代替护照的其他国际旅行证件。

法律依据

《外国人在中国就业管理规定》

第七条 外国人在中国就业须具备下列条件：

（一）年满18周岁，身体健康；

（二）具有从事其工作所必须的专业技能和相应的工作经历；

（三）无犯罪记录；

（四）有确定的聘用单位；

（五）持有有效护照或能代替护照的其他国际旅行证件（以下简称代替护照的证件）。

46 外国留学生可以录制影视节目吗？

原则上外国留学生不能参加广播影视节目制作活动。

因节目制作需要邀请外国留学生录制节目的，需要事先征得学生所在学校同意。

法律依据

《外国人参加广播影视节目制作活动管理规定》

第十一条 原则上外国留学生不得参加广播影视节目制作活动。因节目制作需要邀请外国留学生参加临时性广播影视节目制作的，制作单位应事先征得学生所在学校同意。

第八章 演出经纪人

47 | 演员经纪公司、工作室、经纪人对演员负有哪些管理职责?

（1）应当维护演员合法权益，承担演员管理责任，将政治素养、道德品行作为演员选用和培养的重要标准，定期组织教育培训，增强演员守法意识和道德修养。

（2）应当建立演员自律自查工作制度，查找演员从业行为存在的问题及风险点，督促演员及时改正。

（3）应当加强对演员的教育、提醒，积极引导演员时刻敬畏法律红线，严守道德底线，提升职业操守，积极营造崇德尚艺、见贤思齐的良好风气。

（4）从事未成年人演出经纪活动的演员经纪公

司、工作室，应当按照有关法律规定，依法保障未成年人接受并完成规定年限的义务教育的权利。严禁以招募"演艺练习生"等名义，向未成年人灌输所谓"出名要趁早"等错误观念，误导未成年人价值观，侵害未成年人合法权益。

法律依据

《文化和旅游部关于规范演出经纪行为加强演员管理促进演出市场健康有序发展的通知》
二、规范演员从业行为
……

（六）演员经纪公司、工作室应当维护演员合法权益，承担演员管理责任，将政治素养、道德品行作为演员选用和培养的重要标准，定期组织教育培训，增强演员守法意识和道德修养。建立演员自律自查工作制度，查找演员从业行为存在的问题及风险点，督促演员及时改正。

（七）演员经纪从业人员应当加强对演员的教育、提醒，积极引导演员时刻敬畏法律红线，严守道德底线，提升职业操守，积极营造崇德尚艺、见贤思齐的良好风气。

（八）从事未成年人签约、推广、代理等演出经纪活动的演员经纪公司、工作室，应当按照《中华人民共和国未成年人保护法》《中华人民共和国教育法》《中华人民共和国义务教育法》《中华人民共和国劳动法》有关规定，依法保障其接受并完成规定年限的义务教育的权利。严禁以招募"演艺练习生"等名义，向未成年人灌输所谓"出名要趁早"等错误观念，误导未成年人价值观，侵害未成年人合法权益。

48 演员经纪公司、工作室应当如何正确引导粉丝?

（1）应当加强对粉丝应援行为的正面引导，做好对授权粉丝团、后援会网络账号的内容监督。

（2）对扰乱网络公共秩序和社会秩序的粉丝群体，应当督促演员主动发声，积极引导。

（3）不得设置场外应援、礼物应援、打榜投票等诱导粉丝消费的营销活动。

（4）不得组织未成年人参与应援集会等活动，不得组织未成年人进行正常观看演出之外的应援消费。

法律依据

《文化和旅游部关于规范演出经纪行为加强演员管理促进演出市场健康有序发展的通知》

……

四、做好粉丝正面引导

（十三）演员经纪公司、工作室应当加强对粉丝应援行为的正面引导，做好对授权粉丝团、后援会网络账号的内容监督。对扰乱网络公共秩序和社会秩序的粉丝群体，应当督促演员主动发声，积极引导。

（十四）演出举办单位应当做好演出现场管理，维护演出现场秩序，不得设置场外应援、礼物应援、打榜投票等诱导粉丝消费的营销活动。不得组织未成年人参与应援集会等活动，不得组织未成年人进行正常观看演出之外的应援消费。

49 | 营业性演出中不得出现哪些情形？

（1）反对宪法确定的基本原则的；

（2）危害国家统一、主权和领土完整，危害国家安全，或者损害国家荣誉和利益的；

（3）煽动民族仇恨、民族歧视，侵害民族风俗习惯，伤害民族感情，破坏民族团结，违反宗教政策的；

（4）扰乱社会秩序，破坏社会稳定的；

（5）危害社会公德或者民族优秀文化传统的；

（6）宣扬淫秽、色情、邪教、迷信或者渲染暴力的；

（7）侮辱或者诽谤他人，侵害他人合法权益的；

（8）表演方式恐怖、残忍，摧残演员身心健康的；

（9）利用人体缺陷或者以展示人体变异等方式招徕观众的。

法律依据

《营业性演出管理条例》

第二十五条 营业性演出不得有下列情形：

（一）反对宪法确定的基本原则的；

（二）危害国家统一、主权和领土完整，危害国家安全，或者损害国家荣誉和利益的；

（三）煽动民族仇恨、民族歧视，侵害民族风俗习惯，伤害民族感情，破坏民族团结，违反宗教政策的；

（四）扰乱社会秩序，破坏社会稳定的；

（五）危害社会公德或者民族优秀文化传统的；

（六）宣扬淫秽、色情、邪教、迷信或者渲染暴力的；

（七）侮辱或者诽谤他人，侵害他人合法权益的；

（八）表演方式恐怖、残忍，摧残演员身心健康的；

（九）利用人体缺陷或者以展示人体变异等方式招徕观众的；

（十）法律、行政法规禁止的其他情形。

50 演出经纪人员不得从事哪些行为？

（1）不得在两家以上演出经纪机构从业；

（2）不得出租、出借演出经纪人员资格证；

（3）不得为含有《营业性演出管理条例》第二十五条禁止内容的演出提供服务；

（4）不得隐瞒、伪造与演出经纪业务有关的重要事项；

（5）不得对演出活动进行虚假宣传；

（6）不得为演员假唱、假演奏提供条件。

法律依据

《演出经纪人员管理办法》

第十六条　演出经纪人员不得有下列行为：

（一）在两家以上演出经纪机构从业；

（二）出租、出借演出经纪人员资格证；

（三）为含有《营业性演出管理条例》第二十五条禁止内容的演出提供服务；

（四）隐瞒、伪造与演出经纪业务有关的重要事项；

（五）对演出活动进行虚假宣传；

（六）为演员假唱、假演奏提供条件；

（七）其他扰乱演出市场秩序的行为。

51 营业性演出的名称和宣传应当注意什么？

（1）演出举办单位不得以政府或者政府部门的名义举办营业性演出。

（2）营业性演出不得冠以"中国"、"中华"、"全国"、"国际"等字样。

（3）营业性演出广告内容必须真实、合法，不得误导、欺骗公众。

法律依据

《营业性演出管理条例》

第二十四条　演出举办单位不得以政府或者政府部门的名义举办

营业性演出。

营业性演出不得冠以"中国"、"中华"、"全国"、"国际"等字样。

营业性演出广告内容必须真实、合法,不得误导、欺骗公众。

第九章 合同风险

52 | 订合同可以采用什么形式?

订合同可以用书面形式或者口头形式。

法律依据

《中华人民共和国民法典》

第四百六十九条 当事人订立合同,可以采用书面形式、口头形式或者其他形式。

书面形式是合同书、信件、电报、电传、传真等可以有形地表现所载内容的形式。

以电子数据交换、电子邮件等方式能够有形地表现所载内容,并可以随时调取查用的数据电文,视为书面形式。

53 | 演艺人员签订含有格式条款的合同时要注意什么?

格式条款是为了重复使用而预先拟定,并在订立合同时未与对方协商的条款。签订含有格式条款的合同时要注意:

(1)合同中的权利和义务应当遵循公平原则确定;

(2)注意对方免除或者减轻自己责任等与演艺人员有重大利害关系的条款;

(3)因提供合同方未提示或说明导致演艺人员没有注意或理解与自己有重大利害关系的条款的,演艺人员可以主张该条款不成为合同的内容。

法律依据

《中华人民共和国民法典》

第四百九十六条 格式条款是当事人为了重复使用而预先拟定，并在订立合同时未与对方协商的条款。

采用格式条款订立合同的，提供格式条款的一方应当遵循公平原则确定当事人之间的权利和义务，并采取合理的方式提示对方注意免除或者减轻其责任等与对方有重大利害关系的条款，按照对方的要求，对该条款予以说明。提供格式条款的一方未履行提示或者说明义务，致使对方没有注意或者理解与其有重大利害关系的条款的，对方可以主张该条款不成为合同的内容。

54 | 哪些合同是无效的？

有下列情形之一的，合同无效：

（1）无民事行为能力人签订的；

（2）以虚假意思表示签订的；

（3）恶意串通损害他人合法权益的；

（4）违反法律、行政法规的强制性规定的；

（5）违背公序良俗的。

法律依据

《中华人民共和国民法典》

第一百四十四条　无民事行为能力人实施的民事法律行为无效。

第一百四十六条 行为人与相对人以虚假的意思表示实施的民事法律行为无效。

以虚假的意思表示隐藏的民事法律行为的效力，依照有关法律规定处理。

第一百五十三条 违反法律、行政法规的强制性规定的民事法律行为无效。但是，该强制性规定不导致该民事法律行为无效的除外。

违背公序良俗的民事法律行为无效。

第一百五十四条 行为人与相对人恶意串通，损害他人合法权益的民事法律行为无效。

55 哪些合同是可以撤销的？

在下列情形下，签订的合同是可以撤销的：

（1）重大误解；

（2）欺诈；

（3）第三人欺诈；

（4）胁迫；

（5）显失公平。

法律依据

《中华人民共和国民法典》

第一百四十七条 基于重大误解实施的民事法律行为，行为人有权请求人民法院或者仲裁机构予以撤销。

第一百四十八条 一方以欺诈手段，使对方在违背真实意思的情况下实施的民事法律行为，受欺诈方有权请求人民法院或者仲裁机构予以撤销。

第一百四十九条 第三人实施欺诈行为，使一方在违背真实意思的情况下实施的民事法律行为，对方知道或者应当知道该欺诈行为的，受欺诈方有权请求人民法院或者仲裁机构予以撤销。

第一百五十条 一方或者第三人以胁迫手段，使对方在违背真实意思的情况下实施的民事法律行为，受胁迫方有权请求人民法院或者仲裁机构予以撤销。

第一百五十一条 一方利用对方处于危困状态、缺乏判断能力等情形，致使民事法律行为成立时显失公平的，受损害方有权请求人民法院或者仲裁机构予以撤销。

56 哪些情况下演艺人员可以解除合同？

解除合同有两种类型：一是约定解除；二是法定解除。

约定解除有以下情形：

（1）当事人协商一致，可以解除合同；

（2）当事人可以约定一方解除合同的事由，解除合同的事由发生时，一方可以解除合同。

法定解除有以下情形：

（1）因不可抗力致使不能实现合同目的；

（2）在履行期限届满前，当事人一方明确表示或者以自己的行为表明不履行主要债务；

（3）当事人一方迟延履行主要债务，经催告后在合理期限内仍未履行；

（4）当事人一方迟延履行债务或者有其他违约行为致使不能实现合同目的。

法律依据

《中华人民共和国民法典》

第五百六十二条 当事人协商一致，可以解除合同。

当事人可以约定一方解除合同的事由。解除合同的事由发生时，解除权人可以解除合同。

第五百六十三条 有下列情形之一的，当事人可以解除合同：

（一）因不可抗力致使不能实现合同目的；

（二）在履行期限届满前，当事人一方明确表示或者以自己的行为表明不履行主要债务；

（三）当事人一方迟延履行主要债务，经催告后在合理期限内仍未履行；

（四）当事人一方迟延履行债务或者有其他违约行为致使不能实现合同目的；

（五）法律规定的其他情形。

以持续履行的债务为内容的不定期合同，当事人可以随时解除合同，但是应当在合理期限之前通知对方。

57 演艺人员不履行合同，要承担哪些违约责任？

演艺人员不履行合同或者履行合同义务不符合约定的，应当承担以下违约责任：

（1）继续履行；

（2）采取补救措施；

（3）赔偿损失。

法律依据

《中华人民共和国民法典》

第五百七十七条 当事人一方不履行合同义务或者履行合同义务不符合约定的，应当承担继续履行、采取补救措施或者赔偿损失等违约责任。

58 | 演艺经纪合同中约定的违约金过高，怎么办？

如果演艺经纪合同中约定的违约金过分高于违约造成的损失，签约的演艺人员可以请求人民法院或者仲裁机构适当减少。

法律依据

《中华人民共和国民法典》

第五百八十五条 当事人可以约定一方违约时应当根据违约情况向对方支付一定数额的违约金，也可以约定因违约产生的损失赔偿额的计算方法。

约定的违约金低于造成的损失的，人民法院或者仲裁机构可以根据当事人的请求予以增加；约定的违约金过分高于造成的损失的，人民法院或者仲裁机构可以根据当事人的请求予以适当减少。

当事人就迟延履行约定违约金的，违约方支付违约金后，还应当履行债务。

第十章 税收风险

59 | 演艺人员的哪些个人所得应当纳税？

（1）工资、薪金所得；

（2）劳务报酬所得；

（3）稿酬所得；

（4）特许权使用费所得；

（5）经营所得；

（6）利息、股息、红利所得；

（7）财产租赁所得；

（8）财产转让所得；

（9）偶然所得。

法律依据

《中华人民共和国个人所得税法》

第二条　下列各项个人所得，应当缴纳个人所得税：

（一）工资、薪金所得；

（二）劳务报酬所得；

（三）稿酬所得；

（四）特许权使用费所得；

（五）经营所得；

（六）利息、股息、红利所得；

（七）财产租赁所得；

（八）财产转让所得；

（九）偶然所得。

居民个人取得前款第一项至第四项所得（以下称综合所得），按纳税年度合并计算个人所得税；非居民个人取得前款第一项至第四项所得，按月或者按次分项计算个人所得税。纳税人取得前款第五项至第九项所得，依照本法规定分别计算个人所得税。

《中华人民共和国个人所得税法实施条例》

第六条　个人所得税法规定的各项个人所得的范围：

（一）工资、薪金所得，是指个人因任职或者受雇取得的工资、薪金、奖金、年终加薪、劳动分红、津贴、补贴以及与任职或者受雇有关的其他所得。

（二）劳务报酬所得，是指个人从事劳务取得的所得，包括从事设计、装潢、安装、制图、化验、测试、医疗、法律、会计、咨询、讲学、翻译、审稿、书画、雕刻、影视、录音、录像、演出、表演、广告、展览、技术服务、介绍服务、经纪服务、代办服务以及其他劳务取得的所得。

（三）稿酬所得，是指个人因其作品以图书、报刊等形式出版、发表而取得的所得。

（四）特许权使用费所得，是指个人提供专利权、商标权、著作权、非专利技术以及其他特许权的使用权取得的所得；提供著作权的使用权取得的所得，不包括稿酬所得。

（五）经营所得，是指：

1. 个体工商户从事生产、经营活动取得的所得，个人独资企业投资人、合伙企业的个人合伙人来源于境内注册的个人独资企业、合伙企业生产、经营的所得；

2. 个人依法从事办学、医疗、咨询以及其他有偿服务活动取得的所得；

3. 个人对企业、事业单位承包经营、承租经营以及转包、转租取得的所得；

4. 个人从事其他生产、经营活动取得的所得。

（六）利息、股息、红利所得，是指个人拥有债权、股权等而取得的利息、股息、红利所得。

（七）财产租赁所得，是指个人出租不动产、机器设备、车船以及其他财产取得的所得。

（八）财产转让所得，是指个人转让有价证券、股权、合伙企业中的财产份额、不动产、机器设备、车船以及其他财产取得的所得。

（九）偶然所得，是指个人得奖、中奖、中彩以及其他偶然性质的所得。

个人取得的所得，难以界定应纳税所得项目的，由国务院税务主管部门确定。

60 哪些情形下，演艺人员应当办理个人所得税纳税申报？

（1）取得综合所得需要办理汇算清缴；

（2）取得应税所得没有扣缴义务人；

（3）取得应税所得，扣缴义务人未扣缴税款；

（4）取得境外所得；

（5）因移居境外注销中国户籍；

（6）非居民个人在中国境内从两处以上取得工资、薪金所得。

法律依据

《中华人民共和国个人所得税法》

第十条　有下列情形之一的，纳税人应当依法办理纳税申报：

（一）取得综合所得需要办理汇算清缴；

（二）取得应税所得没有扣缴义务人；

（三）取得应税所得，扣缴义务人未扣缴税款；

（四）取得境外所得；

（五）因移居境外注销中国户籍；

（六）非居民个人在中国境内从两处以上取得工资、薪金所得；

（七）国务院规定的其他情形。

扣缴义务人应当按照国家规定办理全员全额扣缴申报，并向纳税人提供其个人所得和已扣缴税款等信息。

61 哪些企业收入应当纳税？

（1）销售货物收入；

（2）提供劳务收入；

（3）转让财产收入；

（4）股息、红利等权益性投资收益；

（5）利息收入；

（6）租金收入；

（7）特许权使用费收入；

（8）接受捐赠收入。

法律依据

《中华人民共和国企业所得税法》

第五条 企业每一纳税年度的收入总额，减除不征税收入、免税收入、各项扣除以及允许弥补的以前年度亏损后的余额，为应纳税所得额。

第六条 企业以货币形式和非货币形式从各种来源取得的收入，为收入总额。包括：

（一）销售货物收入；

（二）提供劳务收入；

（三）转让财产收入；

（四）股息、红利等权益性投资收益；

（五）利息收入；

（六）租金收入；

（七）特许权使用费收入；

（八）接受捐赠收入；

（九）其他收入。

62 哪些行为是偷税？

有下列行为，不缴或者少缴应纳税款的，是偷税：

（1）伪造、变造、隐匿、擅自销毁帐簿、记帐凭证；

（2）在帐簿上多列支出或者不列、少列收入；

（3）经税务机关通知申报而拒不申报；

（4）进行虚假的纳税申报。

法律依据

《中华人民共和国税收征收管理法》

第六十三条　纳税人伪造、变造、隐匿、擅自销毁帐簿、记帐凭证，或者在帐簿上多列支出或者不列、少列收入，或者经税务机关通知申报而拒不申报或者进行虚假的纳税申报，不缴或者少缴应纳税款的，是偷税。对纳税人偷税的，由税务机关追缴其不缴或者少缴的税款、滞纳金，并处不缴或者少缴的税款百分之五十以上五倍以下的罚款；构成犯罪的，依法追究刑事责任。

扣缴义务人采取前款所列手段，不缴或者少缴已扣、已收税款，由税务机关追缴其不缴或者少缴的税款、滞纳金，并处不缴或者少缴的税款百分之五十以上五倍以下的罚款；构成犯罪的，依法追究刑事责任。

63 | 哪些行为是抗税？

以暴力、威胁方法拒不缴纳税款的行为，是抗税。

法律依据

《中华人民共和国税收征收管理法》

第六十七条 以暴力、威胁方法拒不缴纳税款的，是抗税，除由税务机关追缴其拒缴的税款、滞纳金外，依法追究刑事责任。情节轻微，未构成犯罪的，由税务机关追缴其拒缴的税款、滞纳金，并处拒缴税款一倍以上五倍以下的罚款。

64　哪些行为是逃避追缴欠税？

采取转移或者隐匿财产的手段，妨碍税务机关追缴欠缴的税款的行为，是逃避追缴欠税。

法律依据

《中华人民共和国税收征收管理法》

第六十五条　纳税人欠缴应纳税款，采取转移或者隐匿财产的手段，妨碍税务机关追缴欠缴的税款的，由税务机关追缴欠缴的税款、滞纳金，并处欠缴税款百分之五十以上五倍以下的罚款；构成犯罪的，依法追究刑事责任。

65 | 偷税、抗税、逃避追缴欠税的，应当承担什么法律责任？

（1）行政责任：由税务机关追缴其不缴或者少缴的税款、滞纳金，并处罚款。

（2）刑事责任：可能分别构成《刑法》中的逃税罪、抗税罪、逃避追缴欠税罪，根据行为情节轻重，依法处以罚金、拘役、有期徒刑等刑事责任。

法律依据

《中华人民共和国税收征收管理法》

第六十三条 纳税人伪造、变造、隐匿、擅自销毁帐簿、记帐凭证，或者在帐簿上多列支出或者不列、少列收入，或者经税务机关通知申报而拒不申报或者进行虚假的纳税申报，不缴或者少缴应纳税款的，是偷税。对纳税人偷税的，由税务机关追缴其不缴或者少缴的税款、滞纳金，并处不缴或者少缴的税款百分之五十以上五倍以下的罚款；构成犯罪的，依法追究刑事责任。

扣缴义务人采取前款所列手段，不缴或者少缴已扣、已收税款，由税务机关追缴其不缴或者少缴的税款、滞纳金，并处不缴或者少缴的税款百分之五十以上五倍以下的罚款；构成犯罪的，依法追究刑事责任。

第六十五条 纳税人欠缴应纳税款，采取转移或者隐匿财产的手段，妨碍税务机关追缴欠缴的税款的，由税务机关追缴欠缴的税款、滞纳金，并处欠缴税款百分之五十以上五倍以下的罚款；构成犯罪的，依法追究刑事责任。

第六十七条 以暴力、威胁方法拒不缴纳税款的，是抗税，除由税务机关追缴其拒缴的税款、滞纳金外，依法追究刑事责任。情节轻微，未构成犯罪的，由税务机关追缴其拒缴的税款、滞纳金，并处拒缴税款一倍以上五倍以下的罚款。

《中华人民共和国刑法》

第二百零一条 纳税人采取欺骗、隐瞒手段进行虚假纳税申报或者不申报，逃避缴纳税款数额较大并且占应纳税额百分之十以上的，处三年以下有期徒刑或者拘役，并处罚金；数额巨大并且占应纳税额百分之三十以上的，处三年以上七年以下有期徒刑，并处罚金。

扣缴义务人采取前款所列手段，不缴或者少缴已扣、已收税款，数额较大的，依照前款的规定处罚。

对多次实施前两款行为，未经处理的，按照累计数额计算。

有第一款行为，经税务机关依法下达追缴通知后，补缴应纳税款，缴纳滞纳金，已受行政处罚的，不予追究刑事责任；但是，五年内因逃避缴纳税款受过刑事处罚或者被税务机关给予二次以上行政处罚的除外。

第二百零二条　以暴力、威胁方法拒不缴纳税款的，处三年以下有期徒刑或者拘役，并处拒缴税款一倍以上五倍以下罚金；情节严重的，处三年以上七年以下有期徒刑，并处拒缴税款一倍以上五倍以下罚金。

第二百零三条　纳税人欠缴应纳税款，采取转移或者隐匿财产的手段，致使税务机关无法追缴欠缴的税款，数额在一万元以上不满十万元的，处三年以下有期徒刑或者拘役，并处或者单处欠缴税款一倍以上五倍以下罚金；数额在十万元以上的，处三年以上七年以下有期徒刑，并处欠缴税款一倍以上五倍以下罚金。

66 | 税收违法行为会被税务机关公开曝光吗？

对于纳税人、扣缴义务人的商业秘密、个人隐私，税务机关应当为其保密，而税收违法行为不属于税务机关为纳税人、扣缴义务人保密的范围。故税务机关可以公开曝光依法查处的税收违法行为。

近年来，税务机关对涉税违法行为"零容忍"，开展典型案例曝光已经成为常态，为纳税人敲响了依法纳税的"警钟"。提醒公众人物，一定要提高依法纳税的意识，积极履行纳税义务。

法律依据

《中华人民共和国税收征收管理法》

第八条第二款 纳税人、扣缴义务人有权要求税务机关为纳税人、扣缴义务人的情况保密。税务机关应当依法为纳税人、扣缴义务人的情况保密。

《中华人民共和国税收征收管理法实施细则》

第五条 税收征管法第八条所称为纳税人、扣缴义务人保密的情况，是指纳税人、扣缴义务人的商业秘密及个人隐私。纳税人、扣缴义务人的税收违法行为不属于保密范围。

第十一章 行政处罚与刑事风险

67 | 假唱会受到哪些处罚？

（1）对演出举办单位、文艺表演团体、演员，由国务院文化主管部门或者省、自治区、直辖市人民政府文化主管部门向社会公布。

（2）演出举办单位、文艺表演团体在 2 年内再次被公布的，由原发证机关吊销营业性演出许可证。

（3）个体演员在 2 年内再次被公布的，由工商行政管理部门吊销营业执照。

（4）以假唱欺骗观众的，由县级人民政府文化主管部门处 5 万元以上 10 万元以下的罚款；为演员假唱提供条件的，由县级人民政府文化主管部门处 5000 元以上 1 万元以下的罚款。

此外，演出举办单位、文艺表演团体、演员以假唱欺骗观众的，观众还有权在退场后依照有关消费者权益保护的法律规定要求演出举办单位赔偿损失；演出举办单位可以依法向负有责任的文艺表演团体、演员追偿。

法律依据

《营业性演出管理条例》

第四十七条 有下列行为之一的，对演出举办单位、文艺表演团体、演员，由国务院文化主管部门或者省、自治区、直辖市人民政府文化主管部门向社会公布；演出举办单位、文艺表演团体在2年内再次被公布的，由原发证机关吊销营业性演出许可证；个体演员在2年内再次被公布的，由工商行政管理部门吊销营业执照：

（一）非因不可抗力中止、停止或者退出演出的；

（二）文艺表演团体、主要演员或者主要节目内容等发生变更未及时告知观众的；

（三）以假唱欺骗观众的；

（四）为演员假唱提供条件的。

有前款第（一）项、第（二）项和第（三）项所列行为之一的，观众有权在退场后依照有关消费者权益保护的法律规定要求演出举办单位赔偿损失；演出举办单位可以依法向负有责任的文艺表演团体、演员追偿。

有本条第一款第（一）项、第（二）项和第（三）项所列行为之一的，由县级人民政府文化主管部门处5万元以上10万元以下的罚款；有本条第一款第（四）项所列行为的，由县级人民政府文化主管部门处5000元以上1万元以下的罚款。

68 殴打他人，会有哪些法律后果？

（1）殴打他人，或者故意伤害他人身体，要受到罚款或拘留的治安管理处罚。

（2）故意伤害他人身体，构成故意伤害罪的，要承担管制、拘役、有期徒刑等刑事责任。

（3）随意殴打他人，情节恶劣，构成寻衅滋事罪的，要承担管制、拘役、有期徒刑等刑事责任。

（4）以上情形如果侵害他人造成人身损害，构成民事侵权，同时要承担民事赔偿责任。

法律依据

《中华人民共和国民法典》

第一千一百七十九条 侵害他人造成人身损害的，应当赔偿医疗费、护理费、交通费、营养费、住院伙食补助费等为治疗和康复支出的合理费用，以及因误工减少的收入。造成残疾的，还应当赔偿辅助器具费和残疾赔偿金；造成死亡的，还应当赔偿丧葬费和死亡赔偿金。

《中华人民共和国治安管理处罚法》

第四十三条 殴打他人的，或者故意伤害他人身体的，处五日以上十日以下拘留，并处二百元以上五百元以下罚款；情节较轻的，处五日以下拘留或者五百元以下罚款。

有下列情形之一的，处十日以上十五日以下拘留，并处五百元以上一千元以下罚款：

（一）结伙殴打、伤害他人的；

（二）殴打、伤害残疾人、孕妇、不满十四周岁的人或者六十周岁以上的人的；

（三）多次殴打、伤害他人或者一次殴打、伤害多人的。

《中华人民共和国刑法》

第二百三十四条 故意伤害他人身体的，处三年以下有期徒刑、拘役或者管制。

犯前款罪，致人重伤的，处三年以上十年以下有期徒刑；致人死亡或者以特别残忍手段致人重伤造成严重残疾的，处十年以上有期徒刑、无期徒刑或者死刑。本法另有规定的，依照规定。

第二百九十三条 有下列寻衅滋事行为之一，破坏社会秩序的，处五年以下有期徒刑、拘役或者管制：

（一）随意殴打他人，情节恶劣的；……

《最高人民法院、最高人民检察院关于常见犯罪的量刑指导意见（试行）》

……

四、常见犯罪的量刑

……

（七）故意伤害罪

1. 构成故意伤害罪的，根据下列情形在相应的幅度内确定量刑起点：

（1）故意伤害致一人轻伤的，在二年以下有期徒刑、拘役幅度内确定量刑起点。

（2）故意伤害致一人重伤的，在三年至五年有期徒刑幅度内确定量刑起点。

（3）以特别残忍手段故意伤害致一人重伤，造成六级严重残疾的，在十年至十三年有期徒刑幅度内确定量刑起点。依法应当判处无期徒刑以上刑罚的除外。

……

69 | 酒后驾车,应当承担什么法律责任?

(1)饮酒后驾车的,暂扣6个月机动车驾驶证,并处1000元以上2000元以下罚款。酒后驾车被处罚后再次酒后驾车的,处10日以下拘留,并处1000元以上2000元以下罚款,吊销机动车驾驶证。

(2)血液酒精含量达到80毫克/100毫升以上的,属于醉酒驾车,由公安机关交通管理部门约束至酒醒,吊销机动车驾驶证,5年内不得重新取得机动车驾驶证。

(3)醉酒驾车,构成危险驾驶罪的,处拘役,并处罚金。

(4)饮酒后、醉酒后驾车发生重大交通事故,构成交通肇事罪的,处3年以下有期徒刑或者拘役;

情节特别恶劣的，处 3 年以上 7 年以下有期徒刑；因逃逸致人死亡的，处 7 年以上有期徒刑。此外，上述情形还应当由公安机关交通管理部门吊销机动车驾驶证，终生不得重新取得机动车驾驶证。

（5）造成他人人身、财产损失的，承担相应的民事赔偿责任。

法律依据

《中华人民共和国民法典》

第一百七十九条 承担民事责任的方式主要有：

……

（八）赔偿损失；

……

《中华人民共和国道路交通安全法》

第九十一条 饮酒后驾驶机动车的，处暂扣六个月机动车驾驶证，并处一千元以上二千元以下罚款。因饮酒后驾驶机动车被处罚，再次饮酒后驾驶机动车的，处十日以下拘留，并处一千元以上二千元以下罚款，吊销机动车驾驶证。

醉酒驾驶机动车的，由公安机关交通管理部门约束至酒醒，吊销机动车驾驶证，依法追究刑事责任；五年内不得重新取得机动车驾驶证。

……

饮酒后或者醉酒驾驶机动车发生重大交通事故，构成犯罪的，依法追究刑事责任，并由公安机关交通管理部门吊销机动车驾驶证，终生不得重新取得机动车驾驶证。

《中华人民共和国刑法》

第一百三十三条 违反交通运输管理法规，因而发生重大事故，致人重伤、死亡或者使公私财产遭受重大损失的，处三年以下有期徒刑或者拘役；交通运输肇事后逃逸或者有其他特别恶劣情节的，处三年以上七年以下有期徒刑；因逃逸致人死亡的，处七年以上有期徒刑。

第一百三十三条之一 在道路上驾驶机动车，有下列情形之一的，处拘役，并处罚金：

……

（二）醉酒驾驶机动车的；

……

《关于办理醉酒驾驶机动车刑事案件适用法律若干问题的意见》

一、在道路上驾驶机动车，血液酒精含量达到 80 毫克/100 毫升以上的，属于醉酒驾驶机动车，依照刑法第一百三十三条之一第一款的规定，以危险驾驶罪定罪处罚。

前款规定的"道路""机动车"，适用道路交通安全法的有关规定。

70 | 飙车应当承担什么法律责任？

（1）超速行驶违反《道路交通安全法》，处警告、罚款、吊销机动车驾驶证等行政处罚。造成噪声扰民的，还违反《治安管理处罚法》，应受到警告、罚款等行政处罚。

（2）如果追逐竞驶，情节恶劣，则构成危险驾驶罪，处拘役，并处罚金。如同时构成其他犯罪，如交通肇事罪，按照处罚较重的规定处罚。

（3）给他人造成人身损害、财产损失的，承担相应的民事赔偿责任。

法律依据

《中华人民共和国民法典》

第一百七十九条 承担民事责任的方式主要有：

……

（八）赔偿损失；

……

《中华人民共和国道路交通安全法》

第四十二条 机动车上道路行驶，不得超过限速标志标明的最高时速。在没有限速标志的路段，应当保持安全车速。

……

第八十七条 公安机关交通管理部门及其交通警察对道路交通安全违法行为，应当及时纠正。

公安机关交通管理部门及其交通警察应当依据事实和本法的有关规定对道路交通安全违法行为予以处罚。对于情节轻微，未影响道路通行的，指出违法行为，给予口头警告后放行。

第九十九条 有下列行为之一的，由公安机关交通管理部门处二百元以上二千元以下罚款：

……

（四）机动车行驶超过规定时速百分之五十的；

……

行为人有前款第二项、第四项情形之一的，可以并处吊销机动车驾驶证；有第一项、第三项、第五项至第八项情形之一的，可以并处十五日以下拘留。

《中华人民共和国治安管理处罚法》

第五十八条 违反关于社会生活噪声污染防治的法律规定，制造噪声干扰他人正常生活的，处警告；警告后不改正的，处二百元以上五百元以下罚款。

《中华人民共和国刑法》

第一百三十三条之一 在道路上驾驶机动车，有下列情形之一的，处拘役，并处罚金：

（一）追逐竞驶，情节恶劣的；……

有前两款行为，同时构成其他犯罪的，依照处罚较重的规定定罪处罚。

71 | 交通肇事，应当承担什么法律责任？

交通肇事尚不构成犯罪的，应给予行政处罚，处罚种类包括：警告、罚款、暂扣或者吊销机动车驾驶证、拘留。

构成交通肇事罪的，应当受到如下刑事处罚：

（1）致人重伤、死亡或者使公私财产遭受重大损失的，处3年以下有期徒刑或者拘役。

（2）肇事后逃逸或者有其他特别恶劣情节的，处3年以上7年以下有期徒刑。

（3）因逃逸致人死亡的，处7年以上有期徒刑。

除此之外，肇事者还应承担相应的民事赔偿责任。

法律依据

《中华人民共和国民法典》

第一百七十九条 承担民事责任的方式主要有：

……

（八）赔偿损失；

……

《中华人民共和国道路交通安全法》

第八十八条 对道路交通安全违法行为的处罚种类包括：警告、罚款、暂扣或者吊销机动车驾驶证、拘留。

《中华人民共和国刑法》

第一百三十三条 违反交通运输管理法规，因而发生重大事故，致人重伤、死亡或者使公私财产遭受重大损失的，处三年以下有期徒刑或者拘役；交通运输肇事后逃逸或者有其他特别恶劣情节的，处三年以上七年以下有期徒刑；因逃逸致人死亡的，处七年以上有期徒刑。

72 性骚扰应当承担什么法律责任？

违背他人意愿，以言语、文字、图像、肢体行为等方式对他人实施性骚扰的，应当承担如下责任：

（1）多次发送淫秽信息，干扰他人正常生活的，处5日以下拘留或者500元以下罚款；情节较重的，处5日以上10日以下拘留，可以并处500元以下罚款。

（2）猥亵他人情节恶劣的，处5日以上10日以下拘留；情节严重的，处10日以上15日以下拘留。

（3）构成强制猥亵罪或侮辱罪的，处5年以下有期徒刑或者拘役，情节恶劣的，处5年以上有期徒刑。

（4）构成猥亵儿童罪的，处5年以下有期徒刑，情节恶劣的，处 5 年以上有期徒刑。

（5）承担相应的民事法律责任，如侵权责任。

法律依据

《中华人民共和国民法典》

第一千零一十条　违背他人意愿，以言语、文字、图像、肢体行为等方式对他人实施性骚扰的，受害人有权依法请求行为人承担民事责任。

机关、企业、学校等单位应当采取合理的预防、受理投诉、调查处置等措施，防止和制止利用职权、从属关系等实施性骚扰。

《中华人民共和国妇女权益保障法》

第四十条　禁止对妇女实施性骚扰。受害妇女有权向单位和有关机关投诉。

第五十八条　违反本法规定，对妇女实施性骚扰或者家庭暴力，构成违反治安管理行为的，受害人可以提请公安机关对违法行为人依法给予行政处罚，也可以依法向人民法院提起民事诉讼。

《中华人民共和国治安管理处罚法》

第四十二条　有下列行为之一的，处五日以下拘留或者五百元以下罚款；情节较重的，处五日以上十日以下拘留，可以并处五百元以下罚款：

……

（五）多次发送淫秽、侮辱、恐吓或者其他信息，干扰他人正常生活的；

……

第四十四条 猥亵他人的，或者在公共场所故意裸露身体，情节恶劣的，处五日以上十日以下拘留；猥亵智力残疾人、精神病人、不满十四周岁的人或者有其他严重情节的，处十日以上十五日以下拘留。

《中华人民共和国刑法》

第二百三十七条 以暴力、胁迫或者其他方法强制猥亵他人或者侮辱妇女的，处五年以下有期徒刑或者拘役。

聚众或者在公共场所当众犯前款罪的，或者有其他恶劣情节的，处五年以上有期徒刑。

猥亵儿童的，处五年以下有期徒刑；有下列情形之一的，处五年以上有期徒刑：

（一）猥亵儿童多人或者多次的；

（二）聚众猥亵儿童的，或者在公共场所当众猥亵儿童，情节恶劣的；

（三）造成儿童伤害或者其他严重后果的；

（四）猥亵手段恶劣或者有其他恶劣情节的。

73 | 嫖娼应当受到什么处罚？

（1）处10日以上15日以下拘留，可以并处5000元以下罚款。情节较轻的，处5日以下拘留或者500元以下罚款。

（2）在公共场所拉客招嫖，处5日以下拘留或者500元以下罚款。

法律依据

《中华人民共和国治安管理处罚法》

第六十六条　卖淫、嫖娼的，处十日以上十五日以下拘留，可以并处五千元以下罚款；情节较轻的，处五日以下拘留或者五百元以下罚款。

在公共场所拉客招嫖的，处五日以下拘留或者五百元以下罚款。

74 | 嫖娼在什么情况下可能构成犯罪？

（1）违背妇女意志，使用暴力、胁迫、其他手段侵犯妇女性自主权，可能构成强奸罪。

（2）和不满14周岁的幼女发生性关系，以强奸罪从重处罚。

（3）聚众淫乱行为涉及多人且有未成年人，可能构成聚众淫乱罪或引诱未成年人聚众淫乱罪。

（4）明知自己患有严重性病还与他人发生性关系，可能构成传播性病罪。

法律依据

《中华人民共和国刑法》

第二百三十六条 以暴力、胁迫或者其他手段强奸妇女的，处三年以上十年以下有期徒刑。

奸淫不满十四周岁的幼女的，以强奸论，从重处罚。

……

第三百零一条 聚众进行淫乱活动的，对首要分子或者多次参加的，处五年以下有期徒刑、拘役或者管制。

引诱未成年人参加聚众淫乱活动的，依照前款的规定从重处罚。

第三百六十条 明知自己患有梅毒、淋病等严重性病卖淫、嫖娼的，处五年以下有期徒刑、拘役或者管制，并处罚金。

75 | 组织或进行淫秽表演，应当承担什么法律责任？

（1）行政责任：不构成犯罪的，处10日以上15日以下拘留，并处500元以上1000元以下罚款。

（2）刑事责任：构成组织淫秽表演罪的，处3年以下有期徒刑、拘役或者管制，并处罚金；情节严重的，处3年以上10年以下有期徒刑，并处罚金。

法律依据

《中华人民共和国治安管理处罚法》

第六十九条 有下列行为之一的，处十日以上十五日以下拘留，并处五百元以上一千元以下罚款：

……

（二）组织或者进行淫秽表演的；

……

明知他人从事前款活动，为其提供条件的，依照前款的规定处罚。

《中华人民共和国刑法》

第三百六十五条 组织进行淫秽表演的，处三年以下有期徒刑、拘役或者管制，并处罚金；情节严重的，处三年以上十年以下有期徒刑，并处罚金。

76 聚众淫乱，应当承担什么法律责任？

（1）行政责任：参与聚众淫乱，处10日以上15日以下拘留，并处500元以上1000元以下罚款。

（2）刑事责任：聚众淫乱的首要分子或者多次参加的，处5年以下有期徒刑、拘役或者管制；引诱未成年人聚众淫乱的，从重处罚。

法律依据

《中华人民共和国治安管理处罚法》

第六十九条 有下列行为之一的，处十日以上十五日以下拘留，并处五百元以上一千元以下罚款：

......

（三）参与聚众淫乱活动的。

明知他人从事前款活动，为其提供条件的，依照前款的规定处罚。

《中华人民共和国刑法》

第三百零一条 聚众进行淫乱活动的，对首要分子或者多次参加的，处五年以下有期徒刑、拘役或者管制。

引诱未成年人参加聚众淫乱活动的，依照前款的规定从重处罚。

77 强奸应当承担什么法律责任?

（1）处3年以上10年以下有期徒刑。

（2）奸淫不满14周岁的幼女的，以强奸罪从重处罚。

（3）有特定恶劣情形的，处10年以上有期徒刑、无期徒刑或者死刑。

法律依据

《中华人民共和国刑法》

第二百三十六条 以暴力、胁迫或者其他手段强奸妇女的，处三年以上十年以下有期徒刑。

奸淫不满十四周岁的幼女的，以强奸论，从重处罚。

强奸妇女、奸淫幼女，有下列情形之一的，处十年以上有期徒刑、无期徒刑或者死刑：

（一）强奸妇女、奸淫幼女情节恶劣的；

（二）强奸妇女、奸淫幼女多人的；

（三）在公共场所当众强奸妇女、奸淫幼女的；

（四）二人以上轮奸的；

（五）奸淫不满十周岁的幼女或者造成幼女伤害的；

（六）致使被害人重伤、死亡或者造成其他严重后果的。

78 哪些涉赌行为会受到处罚？

（1）以营利为目的，为赌博提供条件的，或者参与赌博赌资较大的，要受到罚款或拘留的治安管理处罚。

（2）以营利为目的，聚众赌博或者以赌博为业的，构成赌博罪，要受到有期徒刑、拘役或者管制，并处罚金的刑事处罚。

（3）开设赌场的，构成开设赌场罪，要受到有期徒刑、拘役或者管制，并处罚金的刑事处罚。

法律依据

《中华人民共和国治安管理处罚法》

第七十条 以营利为目的,为赌博提供条件的,或者参与赌博赌资较大的,处五日以下拘留或者五百元以下罚款;情节严重的,处十日以上十五日以下拘留,并处五百元以上三千元以下罚款。

《中华人民共和国刑法》

第三百零三条 以营利为目的,聚众赌博或者以赌博为业的,处三年以下有期徒刑、拘役或者管制,并处罚金。

开设赌场的,处五年以下有期徒刑、拘役或者管制,并处罚金;情节严重的,处五年以上十年以下有期徒刑,并处罚金。

……

79 | 什么是毒品？

毒品，是指鸦片、海洛因、甲基苯丙胺（冰毒）、吗啡、大麻、可卡因以及国家规定管制的其他能够使人形成瘾癖的麻醉药品和精神药品。

法律依据

《中华人民共和国刑法》
第三百五十七条 本法所称的毒品，是指鸦片、海洛因、甲基苯丙胺（冰毒）、吗啡、大麻、可卡因以及国家规定管制的其他能够使人形成瘾癖的麻醉药品和精神药品。
……

80 | 吸毒应当承担什么法律责任？

（1）吸食、注射毒品的，处10日以上15日以下拘留，可以并处2000元以下罚款。情节较轻的，处5日以下拘留或者500元以下罚款。

（2）对吸毒成瘾的，责令其接受社区戒毒，期限为3年。

（3）吸毒成瘾且有特定情节的，强制其隔离戒毒。

法律依据

《中华人民共和国禁毒法》

第三十三条　对吸毒成瘾人员，公安机关可以责令其接受社区戒毒，同时通知吸毒人员户籍所在地或者现居住地的城市街道办事处、乡镇人民政府。社区戒毒的期限为三年。

戒毒人员应当在户籍所在地接受社区戒毒；在户籍所在地以外的现居住地有固定住所的，可以在现居住地接受社区戒毒。

第三十八条 吸毒成瘾人员有下列情形之一的，由县级以上人民政府公安机关作出强制隔离戒毒的决定：

（一）拒绝接受社区戒毒的；

（二）在社区戒毒期间吸食、注射毒品的；

（三）严重违反社区戒毒协议的；

（四）经社区戒毒、强制隔离戒毒后再次吸食、注射毒品的。

对于吸毒成瘾严重，通过社区戒毒难以戒除毒瘾的人员，公安机关可以直接作出强制隔离戒毒的决定。

吸毒成瘾人员自愿接受强制隔离戒毒的，经公安机关同意，可以进入强制隔离戒毒场所戒毒。

《中华人民共和国治安管理处罚法》

第七十二条 有下列行为之一的，处十日以上十五日以下拘留，可以并处二千元以下罚款；情节较轻的，处五日以下拘留或者五百元以下罚款：

……

（三）吸食、注射毒品的；

……

81 | 非法持有毒品，应当承担什么法律责任？

（1）非法持有鸦片不满200克、海洛因或者甲基苯丙胺不满10克或者其他少量毒品的，处10日以上15日以下拘留，可以并处2000元以下罚款；情节较轻的，处5日以下拘留或者500元以下罚款。

（2）非法持有鸦片200克以上不满1000克、海洛因或者甲基苯丙胺10克以上不满50克或者其他毒品数量较大的，处3年以下有期徒刑、拘役或者管制，并处罚金；情节严重的，处3年以上7年以下有期徒刑，并处罚金。

（3）非法持有鸦片1000克以上、海洛因或者甲基苯丙胺50克以上或者其他毒品数量大的，处7年以上有期徒刑或者无期徒刑，并处罚金。

法律依据

《中华人民共和国禁毒法》

第五十九条 有下列行为之一，构成犯罪的，依法追究刑事责任；尚不构成犯罪的，依法给予治安管理处罚：

……

（二）非法持有毒品的；

……

《中华人民共和国治安管理处罚法》

第七十二条 有下列行为之一的，处十日以上十五日以下拘留，可以并处二千元以下罚款；情节较轻的，处五日以下拘留或者五百元以下罚款：

（一）非法持有鸦片不满二百克、海洛因或者甲基苯丙胺不满十克或者其他少量毒品的；……

《中华人民共和国刑法》

第三百四十八条 非法持有鸦片一千克以上、海洛因或者甲基苯丙胺五十克以上或者其他毒品数量大的，处七年以上有期徒刑或者无期徒刑，并处罚金；非法持有鸦片二百克以上不满一千克、海洛因或者甲基苯丙胺十克以上不满五十克或者其他毒品数量较大的，处三年以下有期徒刑、拘役或者管制，并处罚金；情节严重的，处三年以上七年以下有期徒刑，并处罚金。

第三百五十六条 因走私、贩卖、运输、制造、非法持有毒品罪被判过刑，又犯本节规定之罪的，从重处罚。

82 容留他人吸毒，应当承担什么法律责任？

（1）行政责任：处 10 日以上 15 日以下拘留，可以并处 3000 元以下罚款；情节较轻的，处 5 日以下拘留或者 500 元以下罚款。

（2）刑事责任：构成容留他人吸毒罪的，处 3 年以下有期徒刑、拘役或者管制，并处罚金。

法律依据

《中华人民共和国禁毒法》

第六十一条　容留他人吸食、注射毒品或者介绍买卖毒品，构成犯罪的，依法追究刑事责任；尚不构成犯罪的，由公安机关处十日以上十五日以下拘留，可以并处三千元以下罚款；情节较轻的，处五日以下拘留或者五百元以下罚款。

《中华人民共和国刑法》

第三百五十四条　容留他人吸食、注射毒品的，处三年以下有期徒刑、拘役或者管制，并处罚金。

83 | 引诱、教唆、欺骗他人吸毒，应当承担什么法律责任？

（1）行政责任：处10日以上15日以下拘留，并处500元以上2000元以下罚款。

（2）刑事责任：构成引诱、教唆、欺骗他人吸毒罪的，处3年以下有期徒刑、拘役或者管制，并处罚金；情节严重的，处3年以上7年以下有期徒刑，并处罚金。引诱、教唆、欺骗未成年人吸食、注射毒品的，从重处罚。

法律依据

《中华人民共和国禁毒法》

第五十九条　有下列行为之一，构成犯罪的，依法追究刑事责任；尚不构成犯罪的，依法给予治安管理处罚：

……

（六）强迫、引诱、教唆、欺骗他人吸食、注射毒品的；

……

《中华人民共和国治安管理处罚法》

第七十三条　教唆、引诱、欺骗他人吸食、注射毒品的，处十日以上十五日以下拘留，并处五百元以上二千元以下罚款。

《中华人民共和国刑法》

第三百五十三条　引诱、教唆、欺骗他人吸食、注射毒品的，处三年以下有期徒刑、拘役或者管制，并处罚金；情节严重的，处三年以上七年以下有期徒刑，并处罚金。

……

引诱、教唆、欺骗或者强迫未成年人吸食、注射毒品的，从重处罚。

84 | 哪些行为构成洗钱罪？应当承担什么法律责任？

为掩饰、隐瞒毒品犯罪、黑社会性质的组织犯罪、恐怖活动犯罪、走私犯罪、贪污贿赂犯罪、破坏金融管理秩序犯罪、金融诈骗犯罪的所得及其产生的收益的来源和性质，有下列具体行为之一的，构成洗钱罪：

（1）提供资金帐户的；

（2）将财产转换为现金、金融票据、有价证券的；

（3）通过转帐或者其他支付结算方式转移资金的；

（4）跨境转移资产的；

（5）通过典当、租赁、买卖、投资等方式，协助转移、转换犯罪所得及其收益的；

（6）通过与商场、饭店、娱乐场所等现金密集型场所的经营收入相混合的方式，协助转移、转换犯罪所得及其收益的；

（7）通过虚构交易、虚设债权债务、虚假担保、虚报收入等方式，协助将犯罪所得及其收益转换为"合法"财物的；

（8）通过买卖彩票、奖券等方式，协助转换犯罪所得及其收益的；

（9）通过赌博方式，协助将犯罪所得及其收益转换为赌博收益的；

（10）协助将犯罪所得及其收益携带、运输或者邮寄出入境的。

犯洗钱罪的，应承担下列刑事责任：

（1）没收实施犯罪的所得及其产生的收益，处5年以下有期徒刑或者拘役，并处或者单处罚金；

（2）情节严重的，处 5 年以上 10 年以下有期徒刑，并处罚金。

法律依据

《中华人民共和国刑法》

第一百九十一条 为掩饰、隐瞒毒品犯罪、黑社会性质的组织犯罪、恐怖活动犯罪、走私犯罪、贪污贿赂犯罪、破坏金融管理秩序犯罪、金融诈骗犯罪的所得及其产生的收益的来源和性质，有下列行为之一的，没收实施以上犯罪的所得及其产生的收益，处五年以下有期徒刑或者拘役，并处或者单处罚金；情节严重的，处五年以上十年以下有期徒刑，并处罚金：

（一）提供资金帐户的；

（二）将财产转换为现金、金融票据、有价证券的；

（三）通过转帐或者其他支付结算方式转移资金的；

（四）跨境转移资产的；

（五）以其他方法掩饰、隐瞒犯罪所得及其收益的来源和性质的。

单位犯前款罪的，对单位判处罚金，并对其直接负责的主管人员和其他直接责任人员，依照前款的规定处罚。

《最高人民法院关于审理洗钱等刑事案件具体应用法律若干问题的解释》

第二条 具有下列情形之一的，可以认定为刑法第一百九十一条第一款第（五）项规定的"以其他方法掩饰、隐瞒犯罪所得及其收益的来源和性质"：

（一）通过典当、租赁、买卖、投资等方式，协助转移、转换犯罪所得及其收益的；

（二）通过与商场、饭店、娱乐场所等现金密集型场所的经营收入相混合的方式，协助转移、转换犯罪所得及其收益的；

（三）通过虚构交易、虚设债权债务、虚假担保、虚报收入等方式，协助将犯罪所得及其收益转换为"合法"财物的；

（四）通过买卖彩票、奖券等方式，协助转换犯罪所得及其收益的；

（五）通过赌博方式，协助将犯罪所得及其收益转换为赌博收益的；

（六）协助将犯罪所得及其收益携带、运输或者邮寄出入境的；

（七）通过前述规定以外的方式协助转移、转换犯罪所得及其收益的。

85 | 犯行贿罪的，应当承担什么法律责任？

为谋取不正当利益，给予国家工作人员以财物的，构成行贿罪。

犯行贿罪的，应承担下列刑事责任：

1. 处 5 年以下有期徒刑或者拘役，并处罚金；

2. 因行贿谋取不正当利益，情节严重的，或者使国家利益遭受重大损失的，处 5 年以上 10 年以下有期徒刑，并处罚金；

3. 情节特别严重的，或者使国家利益遭受特别重大损失的，处 10 年以上有期徒刑或者无期徒刑，并处罚金或者没收财产。

法律依据

《中华人民共和国刑法》

第九十三条 本法所称国家工作人员，是指国家机关中从事公务的人员。

国有公司、企业、事业单位、人民团体中从事公务的人员和国家机关、国有公司、企业、事业单位委派到非国有公司、企业、事业单位、社会团体从事公务的人员，以及其他依照法律从事公务的人员，以国家工作人员论。

第三百八十九条 为谋取不正当利益，给予国家工作人员以财物的，是行贿罪。

……

第三百九十条 对犯行贿罪的，处五年以下有期徒刑或者拘役，并处罚金；因行贿谋取不正当利益，情节严重的，或者使国家利益遭受重大损失的，处五年以上十年以下有期徒刑，并处罚金；情节特别严重的，或者使国家利益遭受特别重大损失的，处十年以上有期徒刑或者无期徒刑，并处罚金或者没收财产。

……

86 犯单位行贿罪的，应当承担什么法律责任？

单位为谋取不正当利益而行贿，或者违反国家规定，给予国家工作人员以回扣、手续费，情节严重的，构成单位行贿罪。

犯单位行贿罪的，应对单位判处罚金，并对其直接负责的主管人员和其他直接责任人员，处 5 年以下有期徒刑或者拘役，并处罚金。

法律依据

《中华人民共和国刑法》

第三百九十三条 单位为谋取不正当利益而行贿，或者违反国家规定，给予国家工作人员以回扣、手续费，情节严重的，对单位判处罚金，并对其直接负责的主管人员和其他直接责任人员，处五年以下有期徒刑或者拘役，并处罚金。因行贿取得的违法所得归个人所有的，依照本法第三百八十九条、第三百九十条的规定定罪处罚。

图书在版编目（CIP）数据

从艺先从法：演艺人员不可不知的法律知识／曹寅，刘波主编；王平久，王国伟执行主编 . —北京：中国法制出版社，2022.10

ISBN 978-7-5216-2958-3

Ⅰ.①从… Ⅱ.①曹…②刘…③王…④王… Ⅲ.①法律-基本知识-中国 Ⅳ.①D920.4

中国版本图书馆 CIP 数据核字（2022）第 180812 号

策划编辑：戴蕊　　　　　　责任编辑：程思　　　　　　封面设计：李宁

从艺先从法：演艺人员不可不知的法律知识
CONGYI XIAN CONGFA：YANYI RENYUAN BUKE BUZHI DE FALÜ ZHISHI

主编／曹寅　刘波
执行主编／王平久　王国伟
经销／新华书店
印刷／河北华商印刷有限公司
开本／710 毫米×1000 毫米　16 开　　　　印张／13.75　字数／79 千
版次／2022 年 10 月第 1 版　　　　　　　2022 年 10 月第 1 次印刷

中国法制出版社出版
书号 ISBN 978-7-5216-2958-3　　　　　　　　　　定价：48.00 元

北京市西城区西便门西里甲 16 号西便门办公区
邮政编码：100053　　　　　　　　　　　　传真：010-63141600
网址：http：//www.zgfzs.com　　　　　　　编辑部电话：010-63141806
市场营销部电话：010-63141612　　　　　　印务部电话：010-63141606

（如有印装质量问题，请与本社印务部联系。）